D1510547

SOURIEZ-LUI

Collection dirigée par : **Bernard Leduc.**

SOURIEZ-LUI

Sommaire

AVANT-PROPOS

Attention, ce recueil n'est pas un livre comme les autres. Sa lecture, génératrice de fous rires en chaîne, constitue une puissante thérapeutique contre la déprime et la morosité. Elle est une cure de bonne humeur, garante de la santé morale de celui (ou celle) qui s'y plonge.

Les histoires réunies ici sont celles que se racontent, par Minitel interposé, les lecteurs du magazine « Lui ». Tous les genres d'humour y sont représentés. Mais, si l'on y brocarde joyeusement les travers de l'humanité, si les tabous y sont allègrement malmenés, si l'absurdité et la méchanceté s'y trouvent à l'honneur, c'est au nom du vieux principe selon lequel mieux vaut rire de tout plutôt que d'en pleurer. Le ton irrespectueux de ces histoires est la marque de leur authenticité : on sait que les meilleures blagues belges découlent de celles que les Wallons inventent sur les Flamands (et réciproquement), et que nul ne raconte les blagues juives mieux que les Juifs eux-mêmes.

C'est pourtant par leur verdeur que la plupart de ces histoires sont les plus remarquables. On y appelle un chat un chat, sans souci de vaines convenances, parce que le rire excuse et justifie les écarts de langage les plus joliment poivrés.

En 620 histoires, est dressée une véritable anthologie de ces « bien bonnes » que Sacha Guitry considérait comme de hautes manifestations de l'esprit et qui, au même titre que le théâtre de Molière ou les chansons gaillardes, appartiennent — toujours transformées, actualisées et réinventées — à notre patrimoine comique.

HISTOIRES BELGES

M. Van Den Steenockerzellen va, comme chaque soir en sortant du bureau, écluser quelques petites bières au bistrot du coin. Il commande sa première pression et va tremper ses lèvres dans le délicieux et frais breuvage quand la patronne l'appelle :

« Monsieur Van Den Steenockerzellen, on vous demande d'urgence au téléphone, une fois ! »

Ne voulant pas gâcher son plaisir en buvant précipitamment, il décide d'aller répondre au téléphone avant de vider son godet. Mais, craignant qu'un consommateur malhonnête profite de son absence pour lui dérober quelques gorgées de bière, il arrache une page de son calepin et la pose en évidence contre sa chope après y avoir écrit : *J'ai craché dans ce verre.*

Quand il revient quelques minutes plus tard, il constate avec satisfaction que le verre est toujours là, toujours plein. L'âme paisible, il le vide alors d'un trait. Mais, en le reposant, il s'aperçoit que quelqu'un a ajouté en post-scriptum à son petit mot : *Moi aussi !*

⁂

« Bonjour, madame Van Glutteycke !

— Bonjour, madame Van Zwuilduycke ! Comment va la famille ?

— Mon fils aîné me donne bien du souci. J'ai dû le conduire au psychiatre : il paraît qu'il a un complexe d'Œdipe...

— Alleï ! C'est pas bien grave ! L'essentiel, c'est qu'il aime toujours beaucoup sa maman ! »

⁂

Un Américain, un Italien et un Belge visitent ensemble la vieille ville de Bagdad. Ils déchiffrent un écriteau indiquant l'emplacement d'une piscine magique, qui exauce les vœux de ceux qui y plongent.

« Dollars ! » crie l'Américain en plongeant. Et, aussitôt, l'eau de la piscine se transforme en bain de billets de vingt dollars.

Dès que l'Américain a vidé la piscine de ses dollars et l'a de nouveau remplie d'eau, l'Italien plonge à son tour en criant :

« Spaghetti ! »

Et c'est dans un bain de spaghetti qu'il atterrit.

Enfin, vient le tour du Belge. Il prend son élan, galope vers le plongeoir mais, à l'instant même où il bascule dans la piscine, il se tord un pied et s'écrie :

« Merde ! »

⁂

Comment couler un sous-marin belge ?

En frappant à la porte...

⁂

Pourquoi la marine belge a-t-elle perdu tous ses sous-marins ?

Parce qu'elle avait organisé à leur bord une « journée portes ouvertes ».

⁂

Dans un sous-marin, à quoi reconnaît-on un Belge ?
C'est celui qui porte un parachute au lieu d'un gilet de sauvetage.

Pourquoi les Belges font-ils un trou au bout des préservatifs avant de les utiliser ?
Pour pouvoir aller uriner plus commodément quand ils ont fini de forniquer.

Pourquoi les Belges se mettent-ils des chaînes autour du gland pour forniquer pendant l'hiver ?
C'est parce que le col de l'utérus est peut-être enneigé.

Pourquoi les bébés belges, à la naissance, ressemblent-ils à des frites ?
Parce que leurs parents ont fait l'amour comme des patates.

A quoi reconnaît-on un Belge dans un magasin de chaussures ?
C'est le seul qui essaye les boîtes.

L'as des pilotes d'essai de l'armée de l'Air, en Belgique, a été retrouvé découpé en rondelles.

On lui avait demandé de tester un siège éjectable pour hélicoptères...

Ça fait dix ans qu'un couple de Bruxellois recourt à la pilule anticonceptionnelle, mais ça fait la dixième fois que l'épouse tombe enceinte durant cette période.

« J'en ai assez ! gémit le mari. La pilule, c'est totalement inefficace !

— Soyons persévérants, suggère l'épouse. Peut-être qu'il faut du temps avant que ça fasse de l'effet...

— Bon, je veux bien qu'on essaye encore. Mais à l'avenir, puisque c'est toi qui veux qu'on continue, eh bien ! c'est toi qui la prendras ! »

Les Belges ont mis au point une nouvelle méthode contraceptive : ils abattent les cigognes surprises à survoler leur pays.

Deux Belges voient passer un très grand et très bel avion.

« Tu crois que c'est l'avion du roi Baudoin ? demande l'un.

— Ah ! non, ça, fait l'autre, c'est pas possible, une fois !

— Et pourquoi donc, s'il te plaît, que c'est pas possible ?

— Espèce de dickedecke, si c'était l'avion du roi, il y aurait des motards pour l'escorter ! »

Pourquoi les Belges nagent-ils de préférence au milieu de la piscine ?

Parce qu'on leur a dit qu'ils étaient un peu cons sur les bords.

***

Quand ils vont à la mer, pourquoi les Belges s'obstinent-ils à couler à pic ?

Pour prouver qu'ils ne sont pas si bêtes que ça, dans le fond...

***

M. Van Den Bruckwuilderscke, de Schaerbeek, est fou de joie quand il apprend que sa femme va lui donner un enfant.

Mais, neuf mois plus tard, il est très en colère quand il apprend qu'elle vient de mettre au monde des jumeaux. Il se précipite dans la chambre de l'accouchée et, la secouant comme un prunier, s'écrie :

« Salope, une fois ! Tu vas tout de suite me dire qui est le père du second ! »

***

Un petit « ketje » bruxellois rentre chez lui.

« Dis, m'man, tous mes copains, à l'école, disent que j'ai une grande gueule ! C'est vrai ?

— Mais non, bêtasse ! Allons, prends une pelle et mange tes frites. »

***

Un Mollenbeckois rentre chez lui.

« Ça sent bon ! dit-il à son épouse. Qu'est-ce que c'est ?

— Des pommes de terre que je fais sauter.

— T'es pas folle, non ? On va avoir des frites enceintes ! »

***

Pourquoi les femmes belges ont-elles toujours un vibromasseur sur elles ?

Réponse : pour ne pas être dépourvues de sexe à pile.

M. et Mme Van Den Snooteneuze, de Charleroi, sont en vacances sur la Côte d'Azur avec leur fils Gilbert. Un soir, Gilbert rentre très tard au camping. Son père, qui était inquiet et l'attendait, lui demande où il était :

« Je viens de me faire dépuceler, une fois ! répond l'adolescent en rougissant.

— Bravo ! jubile M. Van Den Snooteneuze. Mon fils, je suis fier de toi. Te voilà un homme, à présent ! C'était bien ?

— Ouais, pas mal...

— J'espère que tu vas vite recommencer !

— Ça, répond le jeune Gilbert, j'y compte bien. Dès que je n'ai plus aussi mal au cul, j'y retourne ! »

Le fils Van Den Aabellencken annonce à ses parents :

« Voilà, une fois, je vais me marier...

— Avec qui ? demande le père.

— Avec la fille Van Den Schootrockuyde, de Namur.

— Mais tu es fou ! suffoque la mère. Toute la ville a couché avec elle !

— Et alors ? fait le fils. J'y suis allé, moi, à Namur. C'est pas si peuplé que ça ! »

⁂

Une jeune Liégeoise vient de se faire dévirginiser. Dès que c'est fait, elle court se planter devant l'armoire à glace et, tout en se regardant l'entrejambe d'un air inquiet, elle sautille sur place.

« Que fais-tu ? lui demande son petit copain.

— J'ai vu que tu m'en mettais près de vingt centimètres et qu'il n'en ressortait que cinq ou six... Alors j'essaie de faire tomber le reste ! »

Un Belge en surprend un autre à quatre pattes sous un réverbère.

« Que cherches-tu, mon vieux Van Den Zuildecketen ?

— Je cherche mes clés que j'ai perdues là-bas, dans ce coin sombre...

— Mais, godfordome, pourquoi les cherches-tu ici si tu les as perdues là-bas, une fois ?

— Parce qu'ici, c'est éclairé. »

Sur le pare-brise des voitures belges, pourquoi l'essuie-glace est-il à l'intérieur et non à l'extérieur ?

Parce que, lorsqu'ils sont au volant, les Belges postillonnent en faisant : « Vroum ! Vroum ! »

Au salon de l'auto, un Belge admire une Ferrari à deux places.

« Dans ce bolide, explique le vendeur, on peut monter à plus de 22O...

— C'est bien joli, laisse dédaigneusement tomber le Belge,

mais, à plus de deux cent vingt, on doit être un peu serré, là-dedans ! »

⁂

Un Belge entre dans un bureau de tabac parisien.

« Je voudrais envoyer une lettre à ma femme, qui est restée à Bruxelles. Quel timbre faut-il, une fois ?

— Un timbre à 2,20 F, monsieur.

— Alors, fieu, donnez-m'en un.

— Voilà, monsieur.

— Merci. Combien vous dois-je ? »

Quand photographie-t-on un Belge entre deux poubelles ?

Quand on veut faire une photo de famille...

« Monsieur l'agent ! Je viens de me faire violer par un Belge !

— Mais, madame, comment savez-vous que l'homme qui vous a violée était un Belge ?

— Parce qu'il a fallu que je lui explique comment il devait s'y prendre ! »

En pleine nuit, le réceptionniste d'un grand hôtel est réveillé par le téléphone.

« Allô, ici monsieur Van Den Rolmops, le client belge de la chambre septante-deux. Pourriez-vous me dire, une fois, à quelle heure ouvre le bar ?

— A neuf heures du matin, monsieur. »

Deux heures après, nouvel appel :

« Allô, c'est encore monsieur Van Den Rolmops, le client belge de la chambre septante-deux. A quelle heure m'avez-vous dit que le bar allait ouvrir ?

— A neuf heures, monsieur. »

Peu après, troisième appel.

« Allô, c'est toujours monsieur Van Den Rolmops, le client belge de la chambre septante-deux...

— Je suppose que vous voudriez savoir à quelle heure le bar de l'hôtel doit ouvrir ? fait le réceptionniste agacé. Ecoutez, cher monsieur, vous n'avez qu'à aller dans une boîte de nuit, si vous êtes si pressé d'entrer dans un bar !

— Mais, proteste le Belge, qui vous dit que je suis pressé d'entrer dans un bar ? Je voudrais juste pouvoir sortir de celui de l'hôtel, où je me trouve enfermé ! »

⁂

Pourquoi les Arabes ont-ils du pétrole alors que les Belges n'ont que des frites ?

Parce que les Belges ont choisi les premiers.

En Belgique, qu'appelle-t-on un « oculiste-ébéniste » ?

Un gars qui conçoit et fabrique des lunettes pour les W.C.

Dans un commissariat de Bruxelles, un flic interroge une jeune femme.

« L'homme qui vous a violée dans sa voiture avait-il une forte érection ?

— Non, il avait une Ford Escort. »

***

Un cocktail anglo-belge fait fureur dans les casinos de la mer du Nord : un quart ferry, trois quarts d'eau.

***

Il est très rare que les Belges aillent à la chasse aux canards. Ils n'arrivent pas à jeter leurs chiens assez haut.

***

D'innombrables coiffeurs belges quittent leur pays et viennent s'établir en France, persuadés d'y trouver plein de travail. Ils ont entendu dire que la France frisait trois millions de chômeurs...

***

Un Français et sa femme doivent traverser la Belgique en voiture. Madame étant prise d'un petit besoin urgent, ils font halte dans un estaminet de la banlieue de Bruxelles. Monsieur s'attable et commande un verre. Madame, sans attendre, file aux toilettes.

Mais, deux secondes après, elle revient dans la salle et, étonnée, dit à la patronne :

« Dites donc, il n'y a pas de porte aux toilettes réservées aux femmes !

— C'est fait exprès, répond la patronne. C'est pour empêcher les voyeurs de regarder par le trou de la serrure. »

***

Un explorateur belge traverse l'Amazonie. Un fleuve barre son chemin.

« Il va falloir chercher un gué, explique le guide.

— Pourquoi ? fait le belge. Il n'y a qu'à sauter de tronc d'arbre en tronc d'arbre, puisqu'il y en a plein sur l'eau.

— Mais ce ne sont pas des troncs d'arbre ! Ce sont des crocodiles.

— Alleï, dites donc ! Faut quand même pas me prendre pour un zote peï, hein ! Je vois bien que ce sont des troncs d'arbre, moi !

— Bon, soupire le guide. Puisque vous ne voulez pas me croire, je vais vous montrer... »

Il prend un caillou, le jette en direction d'un des crocodiles et l'atteint. Le saurien, rendu furieux, nage aussitôt vers eux, grimpe sur la berge et rapplique au grand trot en ouvrant de menaçantes mâchoires.

Sans attendre son reste, le guide grimpe à un arbre. Le Belge, lui, reste sur place à regarder paisiblement le crocodile qui se rapproche à toute allure.

« Vous ne vous mettez pas hors de sa portée ? demande le guide, estomaqué, depuis la haute branche où il s'est réfugié.

— Il ne me fera rien, alleï ! répond flegmatiquement le Belge. Il a bien vu que c'est vous qui lui avez jeté un caillou, et pas moi ! »

Une famille de Belges décide d'aller faire un gueuleton gastronomique à la Tour d'Argent. Le père établit le menu : caviar iranien, saumon fumé, poularde aux truffes fraîches.

On leur sert d'abord le caviar. Au bout de deux heures, ils n'y ont toujours pas touché.

Paniqué, le chef de rang envoie un garçon enlever le caviar et servir le saumon fumé.

Deux heures après, les Belges n'ont toujours pas grignoté le moindre morceau de leur saumon.

De plus en plus paniqué, le chef de rang envoie un autre garçon enlever le saumon et servir la poularde.

Deux heures après, la poularde est encore intacte sur la table des Belges.

Le chef de rang, cette fois, se considère comme déshonoré. Il s'approche humblement des Belges et leur demande :

« Ce n'était pas appétissant ?

— Oh ! que si, alors ! font en chœur les Belges.

— Mais... pourquoi n'avez-vous mangé de rien ?

— Eh ! on attendait les frites, une fois ! »

Quelle est la différence entre les bouteilles vendues en France et les bouteilles vendues en Belgique ?

Sur le fond de celles qui sont vendues en Belgique, une étiquette indique : *Côté à ne pas ouvrir.*

En déménageant de leur appartement, les Van Den Schmilbroock ont découvert un squelette derrière une tenture.

La police a identifié le cadavre de leur oncle, qui avait joué à cache-cache avec eux en 1954 et qui avait gagné.

En Belgique, les bistrots sont dégoûtants. En effet, les clients font leurs besoins devant les latrines et non à l'intérieur de celles-ci.

Parce qu'il y a écrit *Poussez fort* sur la porte...

*
**

Automobilistes, ne vous inquiétez pas si vous voyez les conducteurs belges sortir la tête par la portière et faire des distrayantes grimaces en regardant le toit de leur voiture.

Ils font simplement ça pour amuser la galerie.

*
**

Sur la Grand-Place de Bruxelles, on a retrouvé une nymphomane inanimée. Elle a été transportée d'urgence à l'hôpital où les médecins, alertés par son ventre ballonné, ont découvert quarante-deux litres d'eau dans son estomac.

Sauvée de justesse, la malheureuse a pu donner l'explication de sa mésaventure : passant devant le Menneken-Piss, elle n'avait pas pu résister à la tentation de lui tailler une turlute...

*
**

Un dicton belge : *Brouillard en novembre, Noël en décembre.*

*
**

Quelle différence y a-t-il entre une femme belge et une paire de savates usagées ?

Aucune. On est très bien à l'intérieur de l'une comme de l'autre, mais on ne peut tout de même pas aller jusqu'à sortir avec.

*
**

Comment font les Belges pour rattacher les lacets de leurs chaussures ?

Ils mettent le pied droit sur une chaise et n'ont plus qu'à se pencher jusqu'au sol pour relacer leur chaussure gauche.

⁂

Une jeune fille a été violée derrière la consigne de la gare du Nord, à Paris. La police arrête plusieurs suspects, dont un citoyen belge.

On place les suspects contre un mur, puis on fait entrer la fille pour qu'elle identifie son violeur. Mais, dès qu'elle a fait un pas dans le commissariat, le Belge la montre du doigt en s'écriant :

« C'est elle ! »

⁂

Hier, le roi Baudouin a essayé une voiture électrique mise au point par un ingénieur bruxellois.

Malheureusement, il a dû s'arrêter après avoir roulé pendant trois mètres.

La rallonge de câble n'allait pas plus loin.

⁂

Van Danusse est allé en vacances en France. A son retour, son copain Van Dechichourle l'interroge.

« Alors, fieu, t'as découvert des choses, là-bas, chez les Fransquillons ?

— Oh ! là là, ne m'en parle pas, dis donc ! J'ai découvert un truc épatant, une fois. L'hygiène, qu'ils appellent ça.

— L'hygiène ? Qu'est-ce que c'est que ça, pour une invention ?

— Eh bien, tu vois, les Fransquillons, sous leur pantalon, ils mettent ce qu'ils nomment un zlip. C'est ça, l'hygiène.

— Un zlip ? Et à quoi ça ressemble, une fois, un zlip ?

— Tiens, regarde ! fait Van Danusse en ouvrant son pantalon. C'est ça, un zlip.

— Alleï, dis donc, quel drôle de braule ! Je peux l'essayer, pour voir l'effet que ça fait ?

— Bien sûr, que tu peux l'essayer ! »

Bon bougre, Van Danusse ôte son pantalon, puis son slip.

« Tiens, dit-il à son ami en le lui tendant, voilà le zlip.

— Merci, fait Van Dechichourle en commençant à enfiler le sous-vêtement. C'est bien comment que ça se met ?

— Mais non, espèce de zote ! Tu le mets à l'envers !

— A l'envers ?

— Mais oui : le côté jaune va devant, et le côté marron derrière ! »

⁂

Un automobiliste belge s'adresse à un flic en Provence :

« Pardon, monsieur l'agent, la route de Bruxelles, selle ?

— C'est par là. Mais... Pourquoi ajoutez-vous " selle " après avoir dit " Bruxelles " ?

— Parce qu'en traversant la dernière ville, j'ai demandé où j'étais. On m'a dit : à Tarascon, con ! »

⁂

Trois intellectuels bruxellois ont, dans un café de la place de Brouckère, une conversation métaphysique.

« Moi, fait le premier, quand je pète, hou-you-youille ! Ça fait pas de bruit, mais alors qu'est-ce que ça pue !

— Alleï ! fait le deuxième. C'est curieux, ça... Moi, quand je pète, ça sent rien du tout. Mais alors, qu'est-ce que ça fait comme bruit !

— Godfordome ! s'écrie le troisième. Moi, quand je pète, ça fait pas de bruit et ça sent rien du tout ! »

Les deux autres, incrédules, se tournent vers lui et, en chœur, lui demandent :

« Mais alors... pourquoi tu pètes ? »

⁂

Pourquoi les Belges font-ils au moins douze fois par jour l'amour à leur femme ?

Parce qu'ils ont peur que le trou se cicatrise.

⁂

Dans une rue de la bonne ville de Louvain, deux copains se rencontrent. L'un d'eux est à bicyclette.

« T'es complètement fou ! s'écrie, épouvanté, celui qui est à pied. Descends tout de suite de ce vélo, alleï !

— Pourquoi ? fait l'autre.

— Parce que tu vas attraper le Sida, tiens donc !

— Le Sida ? Je vois pas très bien comment je pourrais attraper le Sida en faisant du vélo...

— Ignorant, va ! T'as jamais entendu dire que le Sida etait surtout transmis par les pédales ? »

⁂

A trois heures du matin, dans un coin reculé de Mollenbeek, dans la périphérie de Bruxelles, deux ivrognes attendent à un arrêt de tram. Un peu plus loin, un agent de police fait sa ronde.

« Hep ! appelle un des poivrots en s'approchant de lui. Dites-moi, une fois, monsieur l'agent...

— Oui, mon brave, fait débonnairement le policier. Qu'est-ce qu'il y a pour votre service, alleï, une fois ?

— Est-ce que... hips !... est-ce qu'il y a encore un tram

numéro nonante-quatre qui circule vers le centre de Bruxelles, une fois ?

— Un tram numéro nonante-quatre ! s'exclame le policier. Mais vous êtes pas comme qui dirait un peu toqué, fieu ?

— Hips ! insiste l'ivrogne. Y a plus de tram numéro nonante-quatre, alors ?

— Mais voyons, explique l'agent, il est trois heures du matin ! Et, à trois heures du matin, y a longtemps qu'il n'y a plus de tram numéro nonante-quatre !

— Vous êtes bien sûr qu'il n'y a plus de tram numéro nonante-quatre qui circule vers le centre de Bruxelles ? insiste encore l'ivrogne.

— Mais oui, j'en suis certain ! confirme l'agent. Y a plus de tram numéro nonante-quatre. »

L'ivrogne le remercie avec effusion puis, en zigzaguant, retourne vers son copain.

« Y a plus de tram numéro nonante-quatre qui circule vers le centre de Bruxelles, lui hoquette-t-il. C'est... hips !... c'est monsieur l'agent, là, qui me l'a dit.

— Ah ! bafouille le second poivrot. Mais... hips !... Est-ce que... hips !... est-ce que t'as pensé à lui demander s'il y a encore un tram numéro septante-deux qui circule dans l'autre sens ?

— Zut ! soupire le premier ivrogne. J'ai oublié... »

D'une démarche de plus en plus titubante, il revient vers le policier, l'agrippe par la manche de l'uniforme et, tout en lui soufflant dans le museau une haleine fleurant la bière, lui demande :

« Pardon... heu... hips !... pardon, monsieur l'agent... Est-ce que vous pourriez me dire, une fois, s'il y a encore un tram numéro septante-deux qui circule dans l'autre sens ?

— Ecoutez, s'énerve l'agent, je vous dis qu'il est trois heures du matin ! A trois heures du matin, il n'y a plus de tram numéro septante-deux depuis des éternités !

— Ah bon ? Hips !... Il n'y a plus de tram numéro nonante-quatre qui circule vers le centre de Bruxelles, et il n'y a plus, non plus, de tram numéro septante-deux qui circule dans l'autre sens ?

— Non ! hurle l'agent excédé. A trois heures du matin, il n'y a plus de tram numéro nonante-quatre, il n'y a plus de tram numéro septante-deux, il n'y a plus de tram du tout ! »

L'ivrogne le remercie une nouvelle fois et, une nouvelle fois, retourne vers son copain.

« Il n'y a plus de tram numéro septante-deux qui circule dans l'autre sens ! lui annonce-t-il.

— T'es... hips !... t'es sûr qu'il n'y a plus de tram numéro septante-deux ?

— Hips ! Oui, je suis sûr qu'il n'y a plus de tram numéro septante-deux.

— Ni de tram numéro nonante-quatre ?

— Ni de tram numéro nonante-quatre.

— Alors... hips !... alors c'est parfait... On va pouvoir traverser la rue sans se faire écrabouiller ! »

⁂

Dans une bagarre de rue, quand des voyous s'affrontent le rasoir à la main, à quoi reconnaît-on un loubard belge ?

C'est le seul qui ait un rasoir électrique.

⁂

Quand un Belge s'appuie à un mur, pourquoi le mur s'écroule-t-il ?

Parce que c'est toujours le plus intelligent qui cède le premier.

⁂

Que signifient les lettres *L.O.E.P.*, gravées sur la languette des chaussures vendues en Belgique ?

Elles indiquent de quelle façon les chaussures doivent être enfilées : *Les Orteils En Premier.*

*
**

Un Bruxellois affolé passe un coup de fil à son garagiste.

« Allô, le garage Van Zalizé ? Il faudrait que vous veniez tout de suite, une fois. J'ai oublié mes clés sur le tableau de bord et je ne sais plus ouvrir ma voiture.

— Je suis désolé, fait le garagiste, mais j'ai trop de travail. Je ne pourrai pas passer avant ce soir.

— C'est ennuyeux, ça ! se lamente le gars. Il va bientôt pleuvoir, et j'ai laissé la capote ouverte ! »

*
**

Deux routiers belges vont faire une livraison en France. Peu avant la frontière, ils s'arrêtent pour casser la croûte.

« Dis donc, fait l'un, t'as vu ce truc, là-bas, au bord de la route ?

— Ouais, on dirait bien un barbecue...

— Des pique-niqueurs ont dû l'oublier. Si on le prenait, fieu ?

— Ça, une fois, c'est une rudement bonne idée, sais-tu ! En rentrant à Charleroi, on pourra se faire des grillades. »

Ils embarquent le barbecue, repartent et, bientôt, arrivent à la frontière.

« C'est quoi, ce machin ? demande le douanier en montrant le barbecue qu'ils ont déposé entre eux sur la banquette.

— Ça, monsieur le douanier ? Vous voyez : c'est un barbecue, une fois.

— Vous appelez cette chose un barbecue, en Belgique ?

s'étonne le gabelou. C'est curieux ! En France, on l'appelle un radar pour contrôler les vitesses... »

Qu'est-ce qui différencie les fosses à purin belges des fosses à purin françaises ?

Les fosses à purin françaises n'ont pas de plongeoir.

Une panne de transformateur a privé d'électricité, à Bruxelles, le quartier des grands magasins.

Pendant trois heures, plusieurs milliers de personnes ont été bloquées sur les escalators.

⁂

Un médecin de Namur reçoit un client qui lui dit :

« Quand j'urine, hou-you-youille, alleï ! c'est comme si je pissais des lames de rasoir, une fois !

— C'est une blennorragie, diagnostique le médecin. Savez-vous qui vous a passé ça ?

— C'est Mme Van Den Frite, la marchande de fleurs du marché. »

Tout de suite après, arrive un deuxième client. Lui aussi est affligé d'une blennorragie.

«Qui a vous a passé ça ? demande le docteur.

— C'est Mme Van Den Frite, docteur, une fois ! »

Et, dans la matinée, défilent vingt-cinq autres clients qui, tous, présentent les cuisants symptômes d'une blennorragie dont ils attribuent systématiquement l'origine à leurs coupables relations avec Mme Van Den Frite.

Au dernier moment, arrive un ultime patient.

« Docteur, déclare-t-il, faut que je vous dise que je ne sais plus pisser, une fois, sans que ça me fasse tellement mal, alleï, qu'on dirait que je fais des lames de rasoir...

— Blennorragie ! décrète le médecin. Je parie que c'est Mme Van Den Frite qui vous l'a passée...

— Alors ça ! fait le patient éberlué. Comment avez-vous fait pour connaître mon nom et deviner que j'étais marié ? »

Un Belge, installé devant un distributeur automatique de boissons, a déjà acheté cinquante bouteilles de soda et ne semble pas décidé à s'arrêter de sitôt, car il a toute une réserve de pièces.

— Vous en avez pour longtemps ? s'impatiente quelqu'un.

— Je ne sais pas, fait le Belge. Mais tant que je gagne, je continue de jouer ! »

Un Belge passe un poste-frontière.

Le douanier s'approche :

« Pas de devises ?

— Si, monsieur le douanier, si !

— Il faut déclarer ça.

— Voilà : " Bière sur vin, tout va bien ; vin sur bière, cul par terre ", monsieur le douanier ! »

⁂

HISTOIRES SUISSES

Un habitant de Zurich fait une promenade digestive dans le jardin public bien propret de sa belle ville. Tout à coup, il tombe en arrêt et regarde par terre devant lui. Il se penche, observe longuement le gros et gras étron qui a retenu son attention, puis il y enfonce un doigt qu'il porte à son nez, qu'il renifle et qu'il finit par suçoter d'un air à la fois dégoûté et sceptique.

Se relevant, il hèle un passant :

« Monsieur ! monsieur ! Pourriez-vous, s'il vous plaît, venir me donner votre avis ?

— Bien sûr, fait le passant en s'approchant. Que puis-je faire pour vous être agréable, monsieur ?

— Voyez ceci, monsieur, fait le premier promeneur en montrant la crotte.

— Comme c'est curieux ! s'exclame le promeneur en se penchant à son tour au-dessus de l'étron. Vous avez senti ?

— Oui.

— Vous avez goûté ?

— Oui.

— Et alors ?

— Il me semble que... enfin... je ne sais pas trop...

— Attendez, je vais me rendre compte par moi-même. »

Et le passant obligeant met un doigt dans l'étron, le hume longuement, le porte à sa bouche, le suce dubitativement.

« Qu'est-ce que vous en dites? demande, impatient, le premier promeneur.

— Ma foi... il me semble assez... heu... Non, décidément, je ne suis sûr de rien. Mais voyez, là-bas, il y a un agent de police. Il pourra peut-être nous renseigner utilement. »

Tous deux appellent l'agent qui, ayant vu l'étron, se penche à son tour, l'examine, y enfonce un doigt qu'il respire et goûte.

« Alors? demandent en chœur les deux quidams.

— Aucun doute à avoir! fait péremptoirement l'agent. Je suis formel, ceci est une merde.

— C'est bien ce qu'il me semblait! s'exclame le tout premier promeneur. J'ai bien failli y marcher dedans! »

Un biologiste un peu timbré pense pouvoir faire naître un être vivant en croisant l'homme et le singe. Ayant une guenon à sa disposition, il passe dans la presse une annonce ainsi libellée :

Cherchons volontaire pour faire l'amour à une guenon jusqu'à ce que grossesse s'ensuive. Somme proposée : 5000 francs.

Dès le lendemain, un Suisse se présente au labo :

« Je viens pour l'annonce.

— Formidable! exulte le savant. Et vous êtes d'accord pour niquer la guenon, c'est bien entendu?

— Oui, oui, je suis d'accord. Vous me direz simplement à quel ordre je dois faire le chèque de 5000 francs. »

Un Suisse émigre au Canada et se présente chez les bûcherons.

« Ici, lui dit le chef des bûcherons, on a besoin d'hommes costauds. Alors, avant d'être embauché, il faut faire ses preuves.

— C'est logique, répond le Suisse. Dites-moi ce que je dois faire, je le ferai.

— Il y a trois épreuves. D'abord, couper à la hache, en moins de dix minutes, le tronc d'un gros sapin bicentenaire. Ensuite, partir sur la banquise, sans arme, à la recherche d'un ours blanc pour lui serrer la main. Enfin, sodomiser trois fois de suite une Esquimaude.

— Je crois que j'y arriverai, fait le Suisse. Je commence tout de suite. »

Il prend une hache, marche jusqu'à un énorme sapin bicente naire et l'abat en moins de dix minutes.

« Bravo ! fait le chef des bûcherons. Maintenant, l'épreuve de l'ours. Partez dans cette direction, vous trouverez des plantigrades. Mais soyez prudent : ils sont vraiment féroces ! »

Le Suisse part bravement dans la direction qu'on lui a indiquée.

Deux jours après, comme il n'est pas revenu, on le considère comme mort. Sans doute l'ours à qui il a voulu serrer la main l'a-t-il dévoré tout cru...

Mais, alors qu'on ne l'attendait plus, il rentre au campement. Il semble épuisé, ses vêtements sont en lambeaux, il perd son sang par d'innombrables et profondes blessures.

« Bon, fait-il, finissons-en vite. Où est-elle, cette Esquimaude, que je lui serre la main ? »

Deux jeunes mamans se rencontrent dans un parc de Genève.

« Quel beau bébé ! fait l'une en se penchant sur le landau que pousse l'autre. Vous le nourrissez au sein ?

— Non, j'y ai renoncé.

— Pourquoi ?

— Ça me faisait trop mal quand je faisais bouillir les tétines ! »

⁂

Deux pilotes suisses, l'un et l'autre cracks du volant, courent ensemble le Paris-Dakar.

Dans le Sahara, l'un fait à l'autre :

« Tu trouves pas que le terrain est glissant ?

— Non...

— Moi, je te dis que le terrain est glissant. Je suis sûr qu'il y a du verglas. »

Celui qui conduit stoppe la voiture, ouvre la portière, regarde à l'extérieur et s'exclame :

« T'as raison ! Ils ont même sablé la piste ! »

Un Suisse, passant par Paris, monte dans une chambre d'hôtel borgne avec une péripatéticienne. Elle commence à se déshabiller et fait passer son pull par-dessus sa tête en levant les bras.

« Mince ! s'écrie le Suisse. T'as plein de laine sous les aisselles, dis donc !

— C'est pas de la laine ! fait la fille. Ce sont des poils. »

Elle continue de se déshabiller et enlève son slip.

« Mince ! s'écrie derechef le Suisse. T'as aussi plein de laine au-dessus de la chagasse !

— Dis donc, l'Helvétique, grogne alors la fille énervée, t'es venu pour baiser ou pour tricoter ? »

Le bureau d'un médecin, à Lausanne, est jonché de crayons brisés.

« Mais, docteur, demande un client, pourquoi cassez-vous tous vos crayons ?

— La bonne blague ! Pour vérifier leur bonne mine, bien sûr ! »

« Cher monsieur, déclare un médecin suisse à l'un de ces clients, je suis au regret de vous informer que vous n'avez plus que deux mois à vivre.

— Merci de me prévenir, docteur. Je vais prendre juillet et août. »

Un riche Suisse va chez un célèbre chirurgien spécialisé et lui déclare :

« Je voudrais me faire... heu... j'ai oublié le mot... enfin, quoi, je voudrais me faire couper le membre viril.

— Vous faire émasculer ? sursaute le praticien.

— Je ne sais plus si c'est comme ça que ça s'appelle, mais je voudrais me faire couper le membre viril.

— Vous le regretteriez ! Je ne peux pas accepter !

— Mais si ! mais si ! Je paierai ce qu'il faudra.

— Bon, puisque vous y tenez et puisque vous êtes décidé à y mettre le prix, c'est d'accord. »

Le gars entre en clinique, et le célèbre as du bistouri pratique habilement l'ablation de son précieux organe.

Châtré de frais, le gars s'apprête à regagner ses pénates mais, sur le seuil de la clinique, il croise un ami.

« Quel drôle de hasard ! s'écrie-t-il. Que viens-tu faire ici ?

— Je viens me faire circoncire.

— Circoncire ! Voilà le mot que je cherchais ! »

⁂

Un Suisse voit la mer pour la première fois.

Empruntant le seau en matière plastique de son jeune fils, il va le remplir d'eau. Un loustic, le voyant faire, s'approche et lui dit :

« Pour prendre de l'eau, il faut payer.

— J'ai le sens civique, monsieur ! réplique aussitôt le Suisse. Combien vous dois-je ?

— Cent francs.

— Fichtre ! Pour un seau d'eau, c'est cher. Mais tant pis ! Puisqu'il faut payer, je paye ! »

Le soir, après être rentré se changer à l'hôtel, il revient sur la plage chercher sa famille.

C'est l'heure de la marée basse.

« Eh bien ! s'écrie le Suisse. On prétend à tort que les Français n'ont pas le sens des affaires : qu'est-ce qu'il a dû se faire comme pognon, le vendeur d'eau, avec tout ce qu'il a distribué en quelques heures ! »

Une dame se présente chez un gynécologue de Lausanne.

« Docteur, dit-elle, je suis enceinte et je voudrais avorter.

— Pourquoi, madame ?

— Parce que mon mari me trompe.

— Je ne vois pas le rapport...

— J'ai peur que l'enfant ne soit pas de moi ! »

Un habitant de Berne a voulu repeindre lui-même sa voiture au pistolet.

Bilan : deux morts, six blessés.

⁂

Un avion en provenance de Genève s'apprête à atterrir à Roissy. Par radio, le commandant appelle la tour de contrôle et demande la permission de poser l'appareil.

« Quelle est votre position exacte ? demande l'aiguilleur du ciel.

— Tout à l'avant de l'avion, sur le siège de gauche ! » répond le commandant.

Un écolier suisse demande à son géniteur :

« Dis, papa, où se trouve la Mauritanie ?

— Demande à ta mère, tu sais bien que c'est elle qui range toujours tout ! »

Deux Suisses viennent, pour la deuxième année consécutive, passer leurs vacances d'hiver dans la même station. Ils se renseignent pour avoir le même moniteur de ski que la fois précédente, mais ils ont oublié son nom.

« Pourriez-vous au moins le décrire ? leur demande l'employée du syndicat d'initiative.

— Tout ce que nous savons, c'est qu'il a deux anus...

— Comment, deux anus ?

— Parfaitement ! Chaque fois que nous traversions le village avec lui, tous les gamins s'écriaient : “ V'là le moniteur avec ses deux trous du cul ! ” en nous montrant du doigt ! »

Dans une partouze, à quoi reconnaît-on un Suisse ?

C'est le seul qui ne baise qu'avec sa propre femme.

⁂

Dans une assemblée de lesbiennes, à quoi reconnaît-on celle qui est d'origine suisse ?

C'est la seule qui n'ait jamais couché qu'avec des hommes.

⁂

En goguette à Paris, un suisse fait une virée dans les rues chaudes de Pigalle.

« Combien tu prends ? demande-t-il à une fille.

— Deux cents francs, plus la chambre.

— Trop cher ! »

Plus loin, il aborde une autre fille, nettement plus décatie.

« Combien tu prends ?

— Cent cinquante francs, chambre en sus.

— Trop cher ! »

Enfin, tout en bas de la rue Fontaine, il avise une fille incroyablement jeune et belle. Il l'aborde à tout hasard :

« Combien ?

— Cinquante francs, tout compris.

— C'est d'accord. »

Ils vont dans le plus sordide des hôtels du quartier, il lui fait l'amour dans toutes les positions, la paye et, très satisfait, se rhabille.

« C'était vraiment très bien, complimente-t-il la fille. Surtout pour le prix !

— Sais-tu pourquoi je suis aussi peu chère ? demande-t-elle en riant cyniquement.

— Non...

— Parce que je suis complètement syphilitique !

— Et alors ? Il n'y a pas de mal à ça. Moi, je suis complètement helvétique et je n'en ai pas honte ! »

*
**

Un Suisse est racolé par une péripatéticienne de la rue Saint-Denis.

« Je serai tellement cochonne que tu en seras étonné ! lui affirme-t-elle.

— C'est tentant... Tu prends cher ?

— Non : cent francs. Mais je dois te prévenir que si je demande aussi peu d'argent, c'est parce que je n'ai pas de clitoris... »

Le Suisse réfléchit un instant, puis hausse les épaules et fait :

« Ça ne fait rien ! Je bois très peu d'alcool. »

*
**

Pourquoi les histoires belges ne font-elles pas rire les Suisses ?

Parce qu'ils ne les comprennent pas...

*
**

Un Français, un Belge et un Suisse sont prisonniers d'une tribu d'anthropophages.

« Si vos trois sexes mesurent ensemble cinquante centimètres, déclare le chef des cannibales, je vous laisse la vie sauve. »

Les sauvages mesurent d'abord la verge du Français : elle fait exactement vingt-cinq centimètres.

Puis c'est au tour de celle du Belge : vingt-trois centimètres.

Enfin, on mesure celle du Suisse : deux centimètres.

Les trois captifs sont donc relâchés.

« Ouf ! jubile le Suisse dès qu'ils se sont enfoncés dans la brousse. Vous me devez une fière chandelle : si je n'avais pas eu une érection, nous étions bouffés tous les trois ! »

Un Suisse se fait moine et entre dans un monastère de son pays. Mais le père supérieur le prévient qu'il n'aura le droit de prononcer qu'une seule et brève phrase tous les dix ans.

Au bout de ses dix premières années de silence, il dit :

« J'ai faim ! »

On le nourrit donc à sa faim pendant les dix ans qui suivent. Mais, quand ils sont écoulés, il dit :

« J'ai soif ! »

Il a donc désormais droit, à chacun de ses repas, à un verre d'eau. Mais, après dix nouvelles années, il dit :

« Je pars !

— Bon débarras ! marmonne le père supérieur. Ici, on n'aime pas beaucoup les ronchons ! »

En visite à Paris, un Suisse entre dans un magasin de musique du boulevard de la Chapelle.

« Qu'y a-t-il pour votre service ? demande le vendeur.

— Je voudrais acheter un instrument de musique... peut-être même deux... Mais je ne sais pas encore lesquels, je ne suis pas du tout fixé...

— Eh bien, monsieur, je vous laisse faire votre choix ! »

Le Suisse fouille toute la boutique et observe chaque instrument sous tous les angles. Enfin, après deux bonnes heures de recherches, il semble avoir trouvé.

« Je vais prendre le saxophone qui est accroché ici, fait-il au vendeur. Et puis je vais également prendre l'accordéon qui est posé là.

— Bien, fait le vendeur imperturbable. Pour l'extincteur, il n'y a pas de problème, je vous le donne tout de suite. Mais pour le radiateur, il faut me laisser le temps de le dévisser ! »

A Lausanne, un désespéré a raté cent soixante-treize tentatives de suicide en une seule journée, en se jetant cent soixante-treize fois devant les roues d'un camion en stationnement.

L'armée suisse n'a plus de régiments de parachutistes : les recrues n'arrivaient pas à ouvrir assez vite leurs parachutes en sautant du train.

Un Suisse traverse la France au volant de sa voiture. En pleine cambrousse, un gros et urgent besoin naturel l'oblige à s'arrêter. Il s'isole dans un sous-bois, fait ce qu'il a à faire et s'apprête à s'essuyer en utilisant un mouchoir en papier. Mais, à cet instant, il voit sortir d'un buisson un malheureux petit poussin plein d'excréments. Pris de pitié, il attrape le poussin et, sacrifiant son mouchoir en papier, le nettoie soigneusement.

Il laisse ensuite partir le poussin, prend dans sa poche un deuxième mouchoir en papier et va s'essuyer le derrière quand, du même buisson, surgit un deuxième petit poussin également couvert d'excréments. Le Suisse, n'écoutant héroïquement que son devoir, sacrifie le deuxième mouchoir en papier pour nettoyer le poussin.

Et ainsi de suite : dix fois il veut s'essuyer, dix fois il doit y renoncer pour nettoyer les poussins pleins de crotte qui sortent à la queue leu leu du buisson maudit.

Enfin, constatant qu'il n'arrive aucun nouveau poussin, il

s'apprête à se torcher en toute sérénité lorsque, de derrière le buisson, une voix demande :

« Vous n'auriez pas un mouchoir en papier à me passer, s'il vous plaît ? Je n'ai plus de poussins propres sous la main ! »

⁂

Les soirs d'orage, pourquoi les Suisses se mettent-ils tous à la fenêtre en souriant à chaque éclair ?

Parce qu'ils veulent absolument être sur la photo...

⁂

Comment brûle-t-on l'oreille d'une Suissesse ?

En lui téléphonant pendant qu'elle repasse du linge.

⁂

La scène se passe à la campagne, quelque part dans le canton de Genève. Trois paysans sont attablés dans un bar, devant de petits verres de vin blanc. Ils sont parfaitement silencieux mais, au bout d'une heure, l'un d'eux lève la tête, regarde par la fenêtre et s'écrie :

« Tiens donc ! Je vois la vache à Gaston qui broute l'herbe de la prairie communale... »

Le silence se réinstalle aussitôt mais, au bout d'une nouvelle heure, un autre des trois paysans lève la tête à son tour et, après avoir jeté un coup d'œil par la fenêtre, marmonne :

« C'est point la vache à Gaston, ça ! C'est la vache à René. »

Nouveau silence à couper au coûteau (suisse, bien sûr). Mais, une heure plus tard, c'est le troisième paysan qui se lève et qui, d'une voix traînante, s'adresse aux deux premiers :

« Bon, moi, je m'en vais.

— Tu t'en vas ? demandent les autres en chœur. Pourquoi ?
— Je ne supporte pas les discussions ! »

Un citadin suisse, qui n'avait jusqu'alors jamais quitté sa bonne ville de Lausanne, part en France faire des sports d'hiver.

Arrivé à un carrefour, il voit un écriteau qui indique : *Mégève : 20 centimètres, molle — Avoriaz : 30 centimètres, souple — Courchevel : 45 centimètres, dure.*

Alors, se retournant vers sa femme, le Suisse ricane :

« Ces Français ! Ce ne sont pas seulement des obsédés, ce sont des vantards ! »

Pourquoi les Suisses ne font-ils pas de ski nautique sur le lac de Genève ?

Parce que l'eau du lac n'est pas en pente.

Un Suisse et une Suissesse convolent en justes noces.

« Vas-y ! Prends-moi ! geint la Suissesse lorsqu'ils se retrouvent seuls dans leur chambre.

— Enfoncer mon engin dans ce trou ? sursaute le mari. Il n'en est pas question ! Je suis sûr que ça cache des dents et que ça va me mordre dès que je serai dedans !

— Des dents ? s'étonne la mariée. Mais tu es fou, mon ami ! Cette bouche-là n'a pas de dents ! D'ailleurs, si tu ne veux pas me croire sur parole, tu n'as qu'à te pencher dessus et regarder de près... »

Le Suisse se penche sur le sexe de son épouse, l'examine longuement et avec une infinie méfiance.

« Tu as raison, fait-il, il n'y a pas de dents. Par contre, les gencives sont vraiment dans un état lamentable ! »

« Docteur, explique le client suisse, je suis allé voir une prostituée pour qu'elle m'initie à l'amour...

— Excellente démarche !

— Elle m'a fait mettre un préservatif. en me disant que c'était pour ne pas avoir de bébé...

— Et alors ?

— Alors, étant donné que ça s'est passé le mois dernier, pensez-vous que tout danger est maintenant écarté et que je peux le retirer ? »

A bord de son auto, un Suisse écoute Radio-Lausanne. Tout à coup, la musique s'interrompt et un speaker annonce :

« Attention, attention ! Un fou a pris l'autoroute de Berne à contre-sens...

— Ils font erreur ! maugrée le Suisse en donnant de furieux coups de volant pour éviter les voitures qui viennent à sa rencontre. Il n'y a pas un seul fou, il y en a des centaines ! »

Un aéronaute, parti de Mégève, est déporté par le vent. Il s'égare et finit par atterrir en Suisse.

« Pourriez-vous m'indiquer où je me trouve ? demanda-t-il depuis sa nacelle à quelqu'un qui passe par là.

— La bonne blague ! fait le Suisse. Dans un ballon ! »

*
**

Deux Suisses chassent dans les Alpes. Soudain, l'un d'eux aperçoit un deltaplane.

« Un aigle ! fait-il en épaulant et en tirant.

— Tu l'as raté, constate son copain.

— Peut-être, mais il a lâché sa proie ! »

*
**

Un type arrive chez un médecin de Genève avec une vilaine plaie au crâne.

« Comment vous êtes-vous fait ça ?

— En voulant me servir de l'eau de toilette que ma femme m'a offerte. C'est en me penchant au-dessus de la cuvette que je me suis violemment cogné au couvercle... »

*
**

A l'hôpital de Zurich, un grand malade est placé dans un poumon d'acier.

« Respirez un grand coup, lui dit une infirmière. Dans cinq minutes, on va couper le courant pour quelques heures. »

*
**

En cherchant sa clé dans ses poches, un Suisse y trouve un suppositoire et s'écrie :

« Voilà donc pourquoi, tout à l'heure, ça m'a fait si mal !

*
**

Un suisse passe la frontière. Un douanier lui demande :
« Chocolat ? Alcools ? Cigarettes ?
— Non, merci, répond le Suisse. Je prendrai plutôt une glace à la pistache. »

⁂

HISTOIRES JUIVES

Rachel Bloch-Bloonberg téléphone au médecin :

« Venez vite, docteur ! Mon fils vient d'avaler un billet de 500 francs et je ne parviens pas à le lui faire vomir... »

Deux minutes plus tard, nouveau coup de fil :

« Ce n'est pas la peine de vous déranger, docteur. Vérification faite, mon fils n'a avalé qu'un billet de 100 francs : ça ne couvrirait pas le montant de votre visite ! »

Moshé est invité, à Tel-Aviv, à une réception donnée par l'ambassadeur d'Australie. Il bavarde avec une femme de diplomate.

« Chez nous, en Australie, lui dit-elle, nous avons de drôles d'animaux qui sautent sur la queue. On les appelle des kangourous.

— Nous avons également cela en Israël, répond Moshé. Mais, ici, nous les appelons des morpions. »

Un cosmonaute juif rentre d'un long, long, long voyage dans l'espace.

« J'ai vu Dieu, là-haut, dit-il au grand rabbin. C'est le père du Christ...

— Prends ce sac d'or et ne le dis à personne ! »

Le gars est reçu par le pape.

« J'ai vu Dieu, ou plutôt sa tombe. Il est mort depuis longtemps.

— Prends ce sac de diamants, et ne le dis à personne ! »

Le gars rencontre Gorbatchev.

« J'ai vu Dieu. Il est yankee.

— Prends ce sac de caviar, et ne le dis à personne. »

Le cosmonaute est enfin présenté à Reagan.

« J'ai vu Dieu. C'est une femme.

— C'est décevant, mais tant pis.

— Oui, mais c'est une actrice de films pornos, elle a sa carte du Parti communiste, elle milite pour l'avortement et c'est une négresse ! »

« Dis-moi, David, sais-tu comment on sauve un Palestinien de la noyade ?

— Non, Moïse, je ne le sais pas.

— Tant mieux, David, tant mieux... »

Au pied de la Croix, deux affreux marchands du temple regardent Jésus d'un air goguenard.

« Il ne voulait pas croire qu'il aurait des ennuis avec les Romains, à force de faire le mariole.

— Maintenant, il est fixé ! »

« Comment avez-vous mis votre pneu dans cet état, monsieur Salomon ?

— En roulant sur un bocal de jus de pamplemousse, monsieur Lévy.

— Vous ne l'aviez pas vu ?

— Comment aurais-je pu le voir, dans la poche de ce maudit Palestinien ? »

*
**

Sur les Champs-Elysées, Abraham Schwartzbergstein aborde une jeune femme.

« Je veux bien monter avec vous, dit-il.

— Mais, monsieur, vous vous trompez ! Je ne suis pas une de ces filles qui monnayent leurs faveurs !

— Mais, madame, qui parle de vous payer ? »

*
**

Un ami des bêtes entre chez un oiseleur et déclare qu'il voudrait acheter un perroquet. Il en désigne un qui lui plait et demande son prix.

« Cinq mille francs, fait l'oiseleur.

— Cinq mille francs ? s'étonne le client. Mais c'est affreusement cher !

— C'est cher, d'accord, mais cet oiseau parle couramment le français, l'anglais, l'italien, l'allemand et le russe. De plus, il sait taper à la machine sans faire la moindre faute d'orthographe.

— Et cet autre, là, dans ce coin, combien vaut-il ?

— Dix mille francs.

— Dix mille francs ? Mais c'est insensé !

— C'est un peu onéreux, je le reconnais, mais il parle couramment dix-sept langues et dialectes, connaît par cœur tous les cours de la Bourse, sait manipuler les ordinateurs les plus sophistiqués et pronostique régulièrement le tiercé dans l'ordre.

— Et celui-ci, sur l'étagère, combien vaut-il ?

— Ah ! Celui-ci, monsieur, c'est un perroquet d'Israël. Il est beaucoup plus cher que ses congénaires : trente mille francs.

— Et que sait-il faire, pour ce prix-là ?

— Ça, monsieur, je l'ignore. Mais les deux autres ne l'appellent que " Patron ! " et travaillent pour son compte ! »

⁂

Il fait très chaud en Galilée. Aussi, Aaron fait-il joyeusement trempette dans le lac de Tibériade. Soudain, il voit un gars barbu qui marche sur l'eau.

« Quel snob, ce Jésus ! murmure-t-il. Elle est pourtant vachement bonne ! »

⁂

« Bonjour, Moïse. Que Dieu te bénisse.

— Bonjour, Abraham, que Dieu te bénisse aussi.

— Ta fille, ça va ?

— Oh ! Elle me cause bien des tracas !

— Toujours pas mariée ?

— Non, hélas ! Elle s'est mis dans la tête de devenir savante, et elle va à l'université pour étudier les langues. Elle est en train d'apprendre l'anglais, le russe, le chinois, l'espagnol et le finlandais...

— Ma parole, elle va bientôt être troglodyte !

— Pas troglodyte, Abraham ! On dit : polyglotte.

— Oïe ! oïe ! oïe ! Troglodyte, polyglotte, tout ça, c'est des synagogues ! »

⁂

Pendant la Seconde Guerre mondiale, à Auschwitz, deux homos juifs partagent la même cellule. Ils tentent d'oublier leurs misères en se prodiguant mutuellement mille tendresses mais, un jour, pendant qu'ils se font un gros câlin, des bruits de bottes résonnent dans le corridor.

« Les Chleux ! s'écrie l'un des deux malheureux.

— J' peux pas ! minaude le second. Je l'ai déjà dans l'oigne ! »

« Moi, dit Sarah, mon grand fils m'aime tellement qu'il vient de m'acheter un manteau de fourrure.

— Moi, dit Rachel, mon grand fils m'aime tellement qu'il porte ma photo nuit et jour autour du cou, dans un médaillon en or.

— Moi, dit Bethsabée, mon grand fils m'aime tellement qu'il va voir chaque semaine un monsieur qui le fait s'allonger sur un divan et à qui il donne plein d'argent rien que pour pouvoir lui parler longuement de moi. »

Le petit Isaac rentre chez lui en pleurant.

« Qu'as-tu, mon fils ? demande son père Elie.

— La maîtresse m'a interrogé pour savoir qui avait signé le traité de Versaille... Je lui ai répondu que c'était pas moi, mais elle a sans doute pas voulu me croire, car elle m'a mis un zéro et m'a dit qu'il fallait que tu ailles la voir demain matin...

— Ecoute, mon petit Isaac, ce n'est pas grave, ton papa va

arranger ça. Mais, d'abord, il faut me dire la vérité : ce traité, qui l'a signé ? Si c'est toi, tant pis. J'ai les moyens de payer ! »

*
**

Un vieux et riche marchand juif agonise. Sa famille éplorée est réunie autour de son lit.

Le mourant ouvre un œil, regarde l'assistance, esquisse un sourire et murmure :

« Je pars en paix pour le royaume de Jéhovah, puisque je vous vois tous réunis à l'heure de mon trépas. Tu es là, Sarah, ô mon épouse dévouée ! Tu es là, Ismaël, ô mon fils chéri ! Tu es là, Ruth, ô ma fille adorée ! Et tu es là aussi, David, ô mon gendre aimé !... Mais... mais... soyez tous maudits, tas d'imbéciles ! Il n'y a donc personne qui garde le magasin ? »

*
**

Deux Moscovites parlent de la circulation routière.

« As-tu remarqué cette manie qu'ont les automobilistes juifs de rouler très lentement pour prendre leurs virages ?

— C'est normal, ils craignent d'être déportés... »

*
**

Un Américain, un Juif et un Palestinien sont dans le même compartiment de chemin de fer.

Soudain, l'Américain ouvre la fenêtre et jette un énorme paquet de dollars.

« Chez nous, dit-il, on a des dollars à ne pas savoir quoi en faire ! »

Dix secondes plus tard, le Juif ouvre à son tour la fenêtre et jette une caisse d'oranges.

« Chez nous, dit-il, on a des oranges à ne pas savoir quoi en faire ! »

Dix secondes plus tard, le Palestinien se lève lui aussi, ouvre la fenêtre et jette le Juif sur le ballast.

« Chez nous, dit-il, on a des Juifs à ne pas savoir quoi en faire ! »

⁂

Dans une rue de Bethléem, un soldat israëlien croise un Arabe qui tient un chien en laisse.

« Dis donc, s'écrie l'Israëlien, tu as avec toi un singe bien laid !

— Mais, fait l'Arabe étonné, c'est pas un singe, c'est un chien !

— Ta gueule ! lui lance l'Israëlien. C'est pas à toi que je parle ! »

⁂

Lu sur une stèle, dans un cimetière israélite :

Ci-gît Isaac-Moïse Lévy, décédé en 1988 dans sa quarante-troisième année, mais la boutique qu'il tenait 9, rue Héverlor, reste ouverte tous les jours (sauf le samedi) de 8 heures à 12 heures 30 et de 14 heures à 20 heures.

Depuis quelque temps, Sarah est très fatiguée. Salomon, son mari, s'efforce donc d'être aux petits soins avec elle. Et, par exemple, il lui apporte chaque matin le café au lit. Ainsi, elle n'a plus qu'à le moudre.

⁂

La scène se passe à Tel-Aviv.

« Papa, dit le petit Moïse, tu vas être fier de moi. Au lieu de monter dans l'autobus, j'ai couru derrière. Comme ça, j'ai économisé une pièce.

— Petit crétin ! soupire le père. Tu aurais dû courir après un taxi ! Comme ça, tu aurais économisé un billet. »

⁂

En direct à la télé, Léon Zitrone accueille, à sa descente de soucoupe volante, le premier martien débarquant sur terre.

« Cher monsieur le martien, interroge Zitrone, tous les habitants de votre planète sont-ils verts, comme vous ?

— Oui, fait le martien.

— Ont-ils tous des antennes sur la tête, comme vous ?

— Oui.

— Portent-ils tous une bague en diamant à la main gauche et une médaille en or autour du cou, comme vous ?

— Ah ! non, seulement les Juifs... »

Pourquoi les sous-marins israëliens sont-ils obligés de refaire surface toutes les dix minutes ?

Pour que les rameurs arabes puissent respirer.

Un Belge, un Suisse et un Israëlien sont faits prisonniers, au cœur de la savane africaine, par des cannibales.

« Avant de vous faire cuire, leur déclare le chef cannibale, on vous laisse une chance de vous en tirer, parce qu'on n'est pas des sauvages. Vous nous demandez ce que vous voulez. N'importe quoi. Si on ne parvient pas à vous l'apporter au bout de deux jours, vous avez la vie sauve. Si on vous l'apporte avant le délai, hop ! vous pelés, vous vidés, vous cuits et vous mangés, et moi faire des kayaks avec votre peau de ventre. D'accord ?

— D'accord, fait le belge. Moi, alleï, hein, une fois, je voudrais un grand verrre de gueuze... bien frais... avec beaucoup de mousse...

— Pas de problème, acquiesce le chef. On va te chercher ça ! »

Deux hommes partent à travers la brousse et, moins de vingt-quatre heures après, sont de retour avec, sur un plateau, un grand verre de gueuze, bien frais, avec beaucoup de mousse.

« Toi boire ! fait le chef au Belge en lui tendant le verre. Après, hop ! toi pelé, toi vidé, toi cuit et toi mangé, et moi faire un kayak avec ta peau de ventre. »

Sitôt dit, sitôt fait. Deux heures après, le Belge est déjà dévoré par les cannibales et le chef se fabrique un kayak avec la peau de son ventre.

« Et toi, demande le chef au Suisse, que veux-tu ?

— Moi, fait le Suisse, je veux un couteau à vingt-six lames, avec tournevis et tire-bouchon incorporés, en or massif serti de diamants.

— Pas de problème. On va te chercher ça ! »

Deux hommes partent à travers la brousse et, un jour et demi plus tard, sont de retour avec un couteau qui correspond exactement à la description donnée.

« Toi admirer les vingt-six lames, le tournevis et le tire-bouchon incorporé, l'or massif et les diamants ! fait le chef au Suisse en lui tendant le couteau. Après, hop ! toi pelé, toi vidé, toi cuit et toi mangé, et moi faire un kayak avec ta peau de ventre. »

Et c'est aussitôt au tour du Suisse d'être promptement dépecé et dévoré, et d'avoir la peau du ventre transformée en kayak.

« Et toi, demande enfin le chef à l'Israélite, que veux-tu ?
— Oh ! moi, je veux juste le couteau du goÿ.
— Le couteau qu'on a apporté au Suisse ? Mais t'es fou, mon z'ami ! C'est vraiment tout ce que tu veux ?
— Ouaï, ouaï, ouaï.
— Tiens ! se marre le cannibale, le voilà, ton couteau ! »

Le Juif prend alors le couteau, en ouvre méthodiquement les vingt-six lames ainsi que le tournevis et le tire-bouchon incorporés, puis se les enfonce hystériquement dans le ventre, à coups redoublés, en gueulant au chef cannibale :
« Voilà ce que j'en fais, moi, de ton kayak ! »

⁂

Le grand violoniste juif Yehudi Menuhin, dans une réception, se présente à un diplomate africain :
« Yehudi Menuhin !...
— Et moi, rétorque l'Africain horrifié, yé hous dis merde !

Dans le feu d'une polémique, un homme lance à un autre :
« Sale Juif !
— Bon, soupire l'offensé, je vois que madame votre épouse vous a tout raconté... »

Grande réception chez les Rothschild. Le maître et la maîtresse de maison régalent leurs invités d'un morceau de piano à quatre mains.

Discrètement, Iossel Goldberg se penche vers Rébecca Reutmann et lui murmure :

« Ils essaient de le cacher, mais ils ont sûrement de gros problèmes d'argent..

— A quoi voyez-vous ça ?

— Ils sont obligés de partager le même piano ! »

HISTOIRES RUSSES

Profitant d'un match disputé en France par son équipe, Youri Margaropoupinovitch, l'avant-centre du Football-Club de Leningrad, a demandé l'asile politique. Aussitôt, les journalistes se précipitent pour l'interroger.

« En Russie, jouissez-vous d'une certaine liberté ?

— On ne peut pas se plaindre.

— Les salaires sont-ils convenables ?

— On ne peut pas se plaindre.

— Trouve-t-on dans les magasins tout ce dont on peut avoir besoin ?

— On ne peut pas se plaindre.

— Mais, finit par demander un reporter, pourquoi, dans ces conditions, avez-vous choisi de rester en France ?

— Parce qu'en France, justement, on peut se plaindre ! »

Un matin d'été, en ouvrant sa fenêtre, M. Gorbatchev s'entend interpeller en ces termes flatteurs :

« Salut à toi, ô astre du socialisme dont le rayonnement sublime fait comparativement pâlir ma propre lumière ! »

Qui parle ainsi ? C'est le soleil qui, là-bas, s'élève dans le ciel à l'est ! M. Gorbatchev est évidemment très satisfait.

A midi, il retourne à la fenêtre. Le soleil, haut dans le ciel, entonne de nouvelles louanges :

« Longue vie à toi, ô génial cocher du splendide char soviétique ! »

Au moment du crépuscule, M. Gorbatchev ne résiste pas au plaisir d'entendre le soleil lui susurrer un ultime compliment, et il retourne à sa fenêtre. Mais, cette fois, le soleil crie :

« Crétin ! Moujik ! Abominable dictateur ! Pourvoyeur du goulag ! Anticapitaliste primaire ! Crève, charogne !

— Mais, gémit M. Gorbatchev, que t'arrive-t-il, soleil ? Tout à l'heure, tu m'encensais avec lyrisme. Maintenant, tu m'insultes de la façon la plus désobligeante. Je n'y comprends plus rien, moi !

— Tout à l'heure, ricane le soleil, j'étais à l'Est. Maintenant, je suis passé à l'Ouest ! »

***

Le général Susslapinossouzoff, qui dirige une importante partie des troupes d'occupation soviétiques en Afghanistan, reçoit un jour un message. Il lit : *Je suis seul contre tous vos soldats, mais je les tuerai un par un.*

Le général froisse le message et le jette, pensant avoir affaire à un fou. Mais une flèche, lancée l'on ne sait d'où, vient transpercer de part en part son aide de camp à dix centimètres de lui.

« Le rebelle qui nous a envoyé ce message ne plaisante pas ! s'alarme le général. Lieutenant Kibandan-Feuzanduski, prenez dix hommes, partez immédiatement à sa recherche et abattez-le. »

Le lieutenant part avec dix hommes. Toutes les dix minutes, l'un d'eux est tué par une flèche. Le lieutenant rendre bredouille moins de deux heures plus tard.

« Nous aurons ce terroriste isolé ! fulmine le général. Capitaine Kiankulmonboff, prenez mille hommes, partez à sa recherche et abattez-le. »

Le capitaine part avec mille hommes. Le lendemain, il rentre seul au camp, tous ses hommes ayant été décimés par le mystérieux agresseur.

« Ce franc-tireur solitaire ridiculise l'Armée rouge ! explose le général. Colonel Saune-Offbitch, prenez dix mille hommes, partez à sa recherche et abattez-le. Si vous n'y parvenez pas, je partirai moi-même le traquer, dès demain, à la tête d'un million d'hommes. »

Le colonel part avec dix mille hommes. Mais, le soir, il revient seul au camp, tous ses hommes ayant été mortellement atteints et lui-même étant grièvement blessé.

« N'y allez pas, mon général ! halète-t-il. C'est un infâme piège : ils sont deux ! »

Pourquoi les jeunes Russes se laissent-ils pousser la moustache ?

Pour ressembler à leur maman.

Un avion soviétique transporte trois passagers : deux membres influents du Parti et un dissident juif.

« Les réacteurs sont en panne ! annonce le pilote en surgissant dans la carlingue. Malheureusement, je n'ai que trois parachutes. Je prends naturellement le premier. Pour attribuer les deux autres, je vais vous poser des questions : celui qui sera incapable de répondre à la sienne devra se sacrifier. Vous le premier, camarade Strogonoff. Quand a eu lieu la Seconde Guerre mondiale ?

— De 1939 à 1945.

— Bravo. Voilà un parachute. A vous, camarade Smirnoff. Combien la Seconde Guerre mondiale a-t-elle fait de victimes ?

— Environ trois millions.

— Bravo. Voilà un parachute. A toi, maintenant, le Juif. Quels étaient les noms, les dates de naissance et les adresses de ces trois millions de victimes ? »

Depuis qu'un jeune Allemand a atterri en avion sur la place Rouge, il est formellement interdit d'y fumer.

Pourquoi ? Parce qu'il est toujours interdit de fumer sur les aéroports.

Mme Gorbatchev, profitant d'un voyage officiel de son époux aux Etats-Unis, discute avec Mme Reagan. Au bout d'un moment, la conversation roule évidemment sur une pente scabreuse.

« Chez vous, demande Mme Gorbatchev, comment nommez-vous le zizi d'un homme ?

— Chez nous, répond Nancy en rosissant, on le nomme un gentleman.

— Un gentleman ? Comme c'est charmant ! Et pourquoi donc ?

— Parce qu'il se lève en présence d'une dame... Et chez vous, chère madame Gorbatchev, comment appelez-vous ça ?

— Chez nous, on appelle ça un rideau de scène.

— Un rideau de scène ? Je ne vois pas très bien pour quelle raison...

— Parce que ça retombe à la fin de chaque acte, mais que ça finit toujours par remonter si les rappels sont suffisamment chaleureux ! »

*
**

Trois chiens bavardent. L'un est un chien français, l'autre un chien polonais, le troisième un chien russe.

« En France, fait le chien français, la vie de chien est très difficile. Ainsi, moi, pour avoir de la viande, je dois souvent aboyer.

— C'est quoi, la viande ? demande le chien polonais.

— C'est quoi, aboyer ? » demande le chien russe.

*
**

Trois prolétaires, enfermés dans le même camp de travail en Sibérie, bavardent.

« Je suis ici pour dix ans, dit le premier. On m'a accusé de sabotage parce que ma montre retardait et que je suis arrivé à l'usine avec deux minutes de retard.

— Ne te plains pas, soupire le second. Moi, je suis ici pour vingt ans. On m'a accusé d'espionnage parce que ma montre avançait et que je suis arrivé à l'usine avec deux minutes d'avance.

— Tout ça n'est rien ! affirme le troisième. Moi, je suis condamné à perpétuité. Je suis arrivé à l'usine à l'heure exacte, alors on m'a accusé d'avoir acheté une montre étrangère au marché noir. »

*
**

Pour montrer sa volonté de moderniser l'URSS, le camarade Gorbatchev a décidé, sur les conseils de son épouse Raïssa, de créer à Moscou un cabaret sur le modèle occidental, avec caviar et vodka mais aussi musique de rock'n'roll et spectacle de strip-tease.

Les premiers jours, on refuse du monde. Mais, très vite, la clientèle se raréfie à tel point que Gorbatchev, étonné, convoque le gérant pour découvrir les raisons de cet échec.

« Est-ce le caviar qui n'est pas de qualité suffisante ?

— Pas bon, le caviar ? Mais, camarade, c'est le meilleur de toute la mer Caspienne !

— Alors la vodka ?

— C'est celle que l'on sert au Kremlin !

— Dans ces conditions, ce sont peut-être les strip-teaseuses ?

— Impossible ! Nous les avons rigoureusement triées sur le volet : elles ont toutes la carte du Parti depuis 1932 ! »

Gorbatchev reçoit un vétéran de la Révolution.

« Alors, lui demande-t-il, le communisme vous a-t-il donné satisfaction ?

— Pas vraiment, avoue le vieillard. Lénine nous avait promis que le sale boulot, à l'avenir, serait pour les seigneurs...

— Et alors ? Les seigneurs, maintenant, c'est vous ! »

Pour un Russe, qu'est-ce que le malheur ?

C'est quand des hommes du K.G.B. frappent à sa porte en pleine nuit en demandant : « Est-ce bien ici qu'habite Igor Kassalissapi-Nanchiandçu ? »

Et le bonheur ?

C'est quand il peut répondre : « Non, c'est la porte à côté. »

HISTOIRES ÉCOSSAISES

Un Ecossais entre dans une pharmacie.

« Excusez-moi de vous demander pardon, fait-il à la jeune employée qui lui a demandé ce qu'il désirait, mais pourriez-vous, s'il vous plaît, mettre une petite rustine à cette chose-ci qui a une fuite ? »

Et il sort de sa poche un préservatif terriblement usagé, encore tout dégoulinant de sperme, qu'il tend à la pauvrette.

« Beurck ! gémit celle-ci d'un air écœuré. Mais c'est dégueulasse, ce que vous me demandez ! On ne met pas de rustine à un préservatif, voyons !

— Aho ! C'est terriblement gênant, fait l'Ecossais. Comment faire, puisqu'il est percé ?

— Achetez-en un neuf ! J'en ai d'excellents à 30 francs la boîte de douze...

— Vous n'y pensez pas ! blémit l'Ecossais. C'est beaucoup trop cher !

— Je peux vous en vendre au détail, à 5 francs pièce.

— C'est votre dernier prix ? Bon, je repasserai.

— Mais pourquoi ne pas l'acheter tout de suite ? interroge la petite vendeuse étonnée.

— Parce qu'il faut d'abord faire voter cette dépense par les trente-deux autres membres du Club ! »

⁂

A Glasgow, une importante manifestation de rue a été promptement dispersée sans la moindre effusion de violence.

Le chef de la police a tout simplement ordonné à ses hommes de procéder à une quête...

⁂

Mac Larinett et sa femme sont allés à la piscine.

« J'espère que tu as pensé à prendre une douche, lui dit-elle à la sortie.

— Chut ! murmure-t-il. Personne n'a encore remarqué qu'il en manquait une ! »

⁂

Un bateau de croisière fait naufrage. C'est l'épouvante.

« Venez, dit Mac Hasckett à un passager français. J'ai trouvé une barque de sauvetage que personne n'a remarquée et où nous serons très bien tous les deux...

— Tout de même, fait remarquer le Français, on pourrait au moins faire monter quelques femmes !

— Croyez-vous que ce soit vraiment le moment de penser à la fornication ? » lui rétorque l'Ecossais d'un ton pincé...

⁂

« Cher monsieur Mac Ouzine,

Vous avez, hier, à 15 heures précises, souscrit au siège de notre compagnie une assurance contre l'incendie pour votre magasin. Or, à 16 heures, le feu a pris dans votre arrière-boutique et a entièrement détruit l'immeuble.

Pourriez-vous justifier ce bizarre retard de soixante minutes ? »

⁂

Un Ecossais vient d'enterrer sa belle-mère. Le patron des pompes funèbres lui présente la note.

« Décidément, soupire l'Ecossais, on a bien raison de dire que toute médaille a son revers ! »

Un Ecossais rencontre un Français.

« Connaissez-vous la dernière histoire écossaise ? lui demande-t-il.

— Ma foi... Non !

— Eh bien ! Donnez-moi cinquante francs, et je vous la raconterai bien volontiers. »

Des touristes écossais visitent l'Italie en autocar. Sur une route de Calabre, le véhicule est arrêté par une bande de brigands.

« Pas de quartier ! hurle à ses lieutenants le chef des bandits. On viole tous les hommes et on détrousse toutes les femmes ! Heu... pardon ! Je voulais dire : on viole toutes les femmes et on détrousse tous les hommes ! »

Alors, en chœur, tous les passagers mâles de l'autocar se mettent à crier :

« Ce qui est dit est dit ! »

⁂

Mac Heurow courtise une jeune lady.

« Puis-je me permettre de vous offrir un petit rafraîchissement ? lui demande-t-il.

— Oh ! yes ! glousse-t-elle, ravie.

— Eh bien ! Voilà... »

Et, se levant, il va ouvrir la fenêtre.

Au casino de Deauville, Mac Abbanock-Hanada vient de gagner deux cent cinquante millions de centimes à la roulette. Il rafle ses précieuses plaques et tend au croupier une pièce de cinquante centimes.

« Auriez-vous de la monnaie ? lui demande-t-il. C'est pour distribuer quelques pourboires au personnel du casino ! »

Mac Heckett entre dans un pub.

« Combien coûte le verre de whisky ? demande-t-il au barman.

— Quinze shillings à la terrasse, dix shillings dans la salle, cinq shillings au comptoir, répond le loufiat.

— Bien, voici deux shillings. J'irai boire mon whisky dans les toilettes, en équilibre sur une seule jambe. »

Un Ecossais s'est établi dans la région marseillaise. Il pénètre dans un bistrot et s'écrie :

« J'offre un verre d'eau à tout le monde. Demain, je marie ma fille à un natif de Toulon.

— Vé ! Putain ! lance le patron étonné.

— No, no ! fait l'Ecossais. Pas celle-là, seulement la cadette. »

⁂

Un autobus rempli d'Ecossais s'arrête devant une auberge. Le chauffeur descend seul et demande à la serveuse :

« Une pinte de bière, please. Avec cinquante-trois pailles... »

⁂

Mac Agnotte n'a pas jugé utile d'acheter un billet pour prendre le train. Naturellement, le contrôleur ne partage pas du tout son point de vue. Et, entre eux, la conversation s'envenime à un point tel que l'employé des chemins de fer, ulcéré, prend la valise de l'Ecossais et, ouvrant la fenêtre, la balance à l'extérieur.

« Non seulement vous voudriez me faire payer, grogne Mac Agnotte, mais, en plus, vous jetez mon jeune fils sur la voie ! »

⁂

Mac Simmum décolle les papiers peints de son appartement.

« Vous refaites la décoration ? demande un voisin.

— Non, je déménage. »

⁂

HISTOIRES POLITIQUES

Un Berlinois casse sa pipe et arrive devant Saint Pierre. Celui-ci examine sa fiche et déclare :

« Tu n'as que des broutilles à te reprocher, mais tu ne mérites pas d'entrer au paradis sans une petite formalité préalable...

— Laquelle, ô grand Saint Pierre ?

— Tu dois accomplir deux siècles de travaux forcés au purgatoire. Mais, comme tu es Berlinois, tu as le choix entre le purgatoire de l'est et celui de l'ouest.

— Heu... Quel est l'emploi du temps, à l'est ?

— Chaque journée est divisée en trois parties : huit heures à recevoir des coups de trique, huit heures à rester plongé dans un bain de goudron brûlant, huit heures à casser des pierres.

— Et à l'ouest ?

— Chaque journée est divisée en trois parties : huit heures à recevoir des coups de trique, huit heures à rester plongé dans un bain de goudron brûlant, huit heures à casser des pierres.

— Mais... mais, grand Saint Pierre, il n'y a aucune différence, alors ?

— Oh ! si. C'est beaucoup plus peinard à l'est.

— Pourquoi ?

— Selon les jours, il y a pénurie de triques, ou de goudron, ou de pierres... »

Quand on lit un discours de Le Pen, il devient superflu d'étudier l'œuvre de Jean-Paul Sartre : on a déjà les mains sales et bientôt la nausée.

Deux morpions discutent.

« Tu es toujours installé dans les poils pubiens de la fille d'un député centriste ?

— Pas d'un député, d'un sénateur ! Non, je ne suis plus sur elle. En effet, l'autre jour, il m'est arrivé une drôle d'aventure...

— Quoi donc ?

— La fille du sénateur était toute seule chez ses parents. Quelqu'un a sonné, elle a ouvert. Moi, à ce moment-là, je me suis endormi...

— Et alors ?

— Alors, tu ne devineras jamais où je me suis réveillé !

— Ne me fait pas languir ! Où ?

— En Angleterre, mon vieux !

— Comment, en Angleterre ?

— Parfaitement ! Dans la moustache d'un jeune diplomate britannique ! »

Mitterrand et Chirac, cohabitation oblige, assistent ensemble à la création d'une pièce de théâtre. A l'entracte, tous deux éprouvent le besoin d'aller visiter l'urinoir.

Tandis qu'ils urinent côte à côte, Chirac déclare :

« Quelle belle pièce !

— Regardez devant vous, espèce de dégoûtant ! » s'exclame alors Mitterrand.

⁂

Pourquoi Jaruzelski porte-t-il des lunettes noires ?
Pour souder la Pologne à l'Union soviétique.

⁂

Reagan, Gorbatchev, Mitterrand et Mme Thatcher voyagent dans le même avion. Par le plus pur des hasards, un beatnick belge rentrant de Katmandou se trouve, lui aussi, dans l'appareil.

Tout à coup, le commandant de bord sort de sa cabine et déclare à l'aimable assistance :

« Rien ne va plus ! Un des réacteurs a explosé, un autre a pris feu, un troisième s'est détaché et le dernier commence à avoir des ratées ! Il faut donc absolument sauter... Malheureusement, nous sommes en surnombre et il manque un parachute ! L'un de nous doit conséquemment se sacrifier ! »

Et, pas bête, il prend lui-même le premier des parachutes et saute.

« Je suis ici la seule lady, croasse Mme Thatcher. La plus élementaire des galanteries vous oblige à me laisser sauter la première ! »

Et hop ! elle prend un parachute et saute.

« Je suis le doyen, chevrotte Reagan, et le respect que vous devez à mon grand âge vous fait un devoir de me donner la préséance ! »

Et zou ! il prend un parachute et saute.

« Nous sommes encore trois, constate Gorbatchev, il ne reste plus que deux parachutes. Croyez, messieurs, que je sacrifierais très volontiers ma vie si j'en avais le choix. Malheureusement pour vous, ma mort désemparerait des millions de communistes en Russie et dans le monde entier, si bien que je dois surmonter mes scrupules et sauter, maintenant, avant quiconque ! »

Et banzaï ! il prend un parachute et saute.

« Tout ça est fort fâcheux, marmonne alors Mitterrand au beatnick belge. Lequel de nous deux va renoncer à sauter ?

— Ne vous inquiétez pas, fieu le président ! se marre le beatnick. Regardez, il reste encore deux parachutes, un pour chacun de nous. Ce con de Gorbatchev s'est trompé : il a sauté avec mon sac à dos ! »

Pourquoi les antisémites sont-ils des fans de Le Pen mais se réjouissent-ils quand l'un de ses meetings est raté ?

Parce qu'il a encore fait un four !

Georges Marchais se rend en avion de Paris à Moscou. Tout à coup, l'appareil prend feu et, affolé, il saute dans le vide sans songer à prendre un parachute.

Le sol se rapproche à toute vitesse et, déjà, Marchais se prépare à mourir, quand un ange vient voleter à ses côtés.

« Si tu cries : “ Vive le capitalisme ! ” lui dit l'ange, je te sauve la vie.

— Moi, crier de pareilles abominations ? s'insurge Marchais. Pas question.

— Tant pis ! dit l'ange. Tu vas t'écraser au sol dans très exactement douze secondes... »

Alors, tout à fait paniqué, Marchais se résigne et hurle de toutes ses forces :

« Vive le capitalisme ! »

A cet instant, Lajoinie lui flanque un vigoureux coup de coude dans les côtes en murmurant :

« Qu'est-ce qu'il t'arrive, Georges ? Non seulement tu piques un roupillon en pleine séance du Comité central, mais, en plus, tu gueules des conneries ! »

En quoi le drapeau corse se distingue-t-il du drapeau soviétique ?

Sur le drapeau corse, il n'y a pas d'outils.

Quelle différence y a-t-il entre un cancer et l'intelligence d'un député barriste ?

Le cancer évolue, pas l'intelligence d'un député barriste.

Un député du Front national peut-il s'apercevoir avec satisfaction qu'il a du sang arabe ?

Oui, si le sang arabe est sur le pare-chocs de sa voiture.

Michel Debré rend visite à une famille d'électeurs.

« Nous avons écouté vos conseils sur la renatalisation de la France, dit fièrement le père. Nous avons six enfants.

— Bravo ! Quel âge ont-ils ?

— L'aîné a treize ans, le plus jeune en a huit. Nous avons eu un gosse par an pendant six ans.

— C'est très bien, fait Debré, mais pourquoi vous être arrêtés en si bon chemin, après le sixième ?

— Ben, après, on a acheté la télévision... »

Après le débarquement en Normandie, le général Eisenhower entre dans une auberge avec les membres de son état-major.

« Donnez-nous des sièges, dit-il au patron. Nous avons vaincu !

— C'est embêtant, fait l'aubergiste. Je n'ai que dix-neuf chaises ! »

⁂

Monsieur Le Pen a demandé la nationalité algérienne.

Ainsi, quand il mourra, ça fera toujours un Arabe de moins.

⁂

Pourquoi Hitler portait-il une petite moustache ?

Parce qu'à l'époque, ça faisait führer.

⁂

« Vous vous croyez malin, dit un jour Chirac à Mitterrand, mais je suis sûr que vous ne savez même pas marcher sur l'eau !

— Si le Christ l'a fait, rétorque Mitterrand piqué au vif, je peux le faire aussi. »

Ils se rendent ensemble au bord de la Seine, et Mitterrand la traverse en marchant sur l'eau. Une fois dans un sens, une fois dans l'autre.

Le lendemain, un gros titre barre la première page du « Figaro » : *Mitterrand ne sait même pas nager !*

⁂

En voyage en Occident, un citoyen soviétique a publiquement déclaré que Gorbatchev est un incapable, manipulé par les vieux dirigeants du Parti dont il est l'homme de paille.

A son retour en URSS, il a été condamné à vingt ans de déportation en Sibérie.

Pour divulgation d'un secret d'Etat à une puissance étrangère...

Deux Chiliens se rencontrent dans une rue de Paris.

« Tiens ! Toi aussi, tu as fui le Chili ?

— Ben oui, tu vois...

— Pourquoi ?

— Parce que Pinochet allait organiser une grande chasse aux sangliers.

— Et alors ? Que je sache, tu n'es pas un sanglier !

— Non, mais comment en fournir la preuve ? »

« Regarde ! Ils passent un film porno au lieu du journal télévisé !

— Mais non, c'est Fidel Castro qui mange une banane... »

HISTOIRES MILITAIRES

Qu'est-ce qui est très long et très, très, très dur, et qui fait toute la différence entre les hommes et les femmes ?

Le service militaire.

Pour échapper au service militaire, un petit malin fait semblant d'être terriblement myope. Ça marche : le médecin-major décrète qu'il est quasiment aveugle et le réforme.

Voulant fêter ça, le jeune gaillard s'offre, le soir même, un film porno dans une salle classée X. Mais, à l'instant où les lumières se rallument, il reconnaît, assis près de lui, le médecin militaire qui l'a réformé.

Il se tourne alors vers lui et, sans se démonter, lui demande :

« Vous descendez aussi à la prochaine station, mademoiselle ? »

Un jeune sous-officier de la Marine nationale part faire son premier grand voyage. Le navire où il embarque doit rester en mer pendant six mois, sans la moindre escale.

« Mais, demande le novice à un vieux mataf, comment fait-on pour se passer de femmes pendant aussi longtemps ?

— Oh ! Ça, c'est pas un problème. On va au tonneau.
— Au tonneau ? Quel tonneau ?
— Le tonneau qui est là, sur le pont. On retire le bouchon de la bonde, on passe la queue par le trou, et... Voilà tout ! »

Le jeune officier trouve cette façon de procéder résolument dégradante et, pendant les quinze premiers jours, s'abstient rigoureusement d'aller au tonneau.

Mais la chair est faible et, bientôt, il n'y peut plus tenir malgré les manuellisations à répétition qu'il s'administre dans sa cabine.

Un soir, il attend que le pont soit désert et, à pas de loup, il s'approche du tonneau. Il enlève le bouchon de la bonde, passe sa queue par le trou, et... et, à son immense stupéfaction, il éprouve un plaisir intense. C'est encore meilleur qu'avec la plus ardente des femmes !

Dès la nuit suivante, il retourne au tonneau. Et il y retourne aussi, sans songer à se cacher, le lendemain matin, et le lendemain après-midi, et jusqu'à dix fois par jour et dix fois par nuit.

Mais, un matin, alors qu'il se rend guillerettement à son cher tonneau, le capitaine l'arrête.

« Où allez-vous ?
— Baiser le tonneau, mon capitaine.
— Pas question !
— Ah ? Pourquoi ? Le tonneau est supprimé ?
— Non. Mais, cette semaine, c'est à votre tour d'être à l'intérieur, le cul contre le trou de la bonde ! »

Invité à une partie de chasse, le général Bigeard laisse, par accident, tomber son fusil. Le coup part et atteint l'amiral De Gaulle au visage, lui emportant toute une joue et lui arrachant un œil.

« Ne faites pas cette tête-là, mon vieux ! lui lance jovialement

Bigeard. Moi aussi, j'ai plus ou moins eu la pétoche quand le coup est parti ! »

⁂

Le colonel Screugneugneu et le commandant Allonzenfan font ensemble un voyage en train. Ils sont d'abord seuls dans un compartiment, mais une très belle jeune femme vient au bout d'un certain temps les y rejoindre.

Elle croise et décroise les jambes sans arrêt, se débrouillant pour bien montrer qu'elle ne porte pas de slip sous sa jupette très courte. Sous prétexte qu'il fait chaud, elle déboutonne son corsage et exhibe deux seins superbes. Enfin, elle n'arrête pas de regarder droit dans les yeux le commandant Allonzenfan, de lui adresser des sourires obscènes, de lui faire du pied et de se frotter à lui.

Le commandant Allonzenfan reste de marbre.

Dépitée, la jeune femme finit par quitter le compartiment.

Dès qu'elle est sortie, le colonel Screugneugneu explose.

« Vraiment, dit-i[illegible] commandant Allonzenfan, je ne comprends pas votre comportement ! Moi, je pourrais me taper même une mouche ! »

Alors, le commandant Allonzenfan se lève, agite en l'air ses petits bras et murmure d'une voix pâmée :

« Bzzzzzzz ! »

⁂

Deux voitures officielles se trouvent nez à nez sur un petit chemin très étroit. Les deux chauffeurs sont des troufions.

« C'est à vous de reculer, déclare le premier chauffeur à son collègue. Je transporte le général Deboulla-Dedan, chef de la soixante-dix-septième région militaire ! »

Sans répondre, le second chauffeur sort de sa voiture, ouvre la portière arrière et montre le ministre de la Défense qui est assis sur la banquette.

« Et ça, demande-t-il, c'est de la merde ? »

⁂

Dans une cour de caserne, des bidasses sont alignés en rang d'andouilles. Devant eux, un gradé s'égosille :

« Soldat Dunœud ! A quoi sert un fusil ?

— A fusiller, mon commandant.

— Exact. Soldat Brisemiche, à quoi sert un canon ?

— A canonner, mon commandant.

— Exact. Soldat Biturhin ! A quoi sert un tank ?

— A tankuler, mon commandant. »

⁂

Branle-bas de combat au 57e Régiment de Cavalerie de Trifouillis-la-Pouffiasse (Tarn-et-Moselle), car le colonel effectue sa grande inspection annuelle de la caserne. Dans une chambrée, il choisit un soldat au hasard et lui demande :

« Alors, mon brave, que pensez-vous de l'armée ?

— Mon colonel, répond le deuxième classe figé au garde-à-vous, l'armée, c'est comme les poils : j'en ai plein le cul !

— Dans ce cas, ricane le colonel, vos permissions sont comme les couilles : suspendues ! »

Un employé du recensement sonne chez le général Lebol.

« Nom et prénoms ?

— Lebol, Charles-Etienne-Marcel.

— Age, profession ?

— 72 ans, général à la retraite.

— Diplômes ?
— Plômes. »

*
**

Le capitaine Pitaine surprend le caporal Poral en train de jouer un morceau de clarinette baveuse à l'adjudant Judant.
« Mais, s'écrie le capitaine, c'est libidineux !
— Pas si petit que ça, dites donc ! » rétorque, vexé, l'adjudant.

*
**

Le capitaine passe en revue les nouvelles recrues.
« Et n'oubliez pas que je suis votre chef ! leur recommande-t-il. C'est bien d'accord ? »
AU lieu de répondre : « Oui, chef ! » comme ses camarades à l'unisson, un des nouveaux troufions sort du rang, s'agenouille devant le gradé, lui défait son pantalon d'uniforme, lui empoigne son ustensile et se met à le masturber.
« Vindiou ! rugit le capitaine. Qu'est-ce que vous faites ?
— Je vous fais signe que je suis d'accord : je branle du chef, chef ! »

*
**

L'adjudant Ronchonot prend sa douche avec les hommes de troupe.
« Dites donc, vous ! fait-il à un nouveau bidasse. Il paraît que vous êtes saltimbanque, dans le civil ?
— Oui, mon adjudant.
— Et qu'est-ce que vous saltimbanquez, plus précisément ?
— Je suis prestidigitateur, mon adjudant.
— Prestidigitaquoi ?

— Prestidigitateur, mon adjudant. Ça consiste à faire des tours de magie.

— Mais c'est épatant, ça ! Vous pouvez m'en montrer un, là, tout de suite, de vos tours de magie ?

— C'est que, mon adjudant, comme ça, tout nu, sous la douche, ce n'est pas très facile...

— Mais si ! mais si ! D'ailleurs, c'est un ordre !

— Ah ! Si c'est un ordre, alors... Bon, fermez les yeux et tournez-vous, mon adjudant. Dos à moi.

— C'est amusant ! Comme ça ?

— C'est ça, comme ça. Maintenant, mon adjudant, penchez-vous bien en avant...

— C'est rigolo ! Comme ça ?

— C'est ça, comme ça. Sentez-vous bien mon doigt, là, qui entre lentement dans votre derrière ?

— Mais oui, je sens parfaitement votre doigt. Mais, dites-moi, ça n'a rien de magique, ça !

— Rien de magique ? Eh bien, mon adjudant, qu'est-ce qu'il vous faut ! Vous ne vous apercevez donc pas que j'ai les deux mains posées sur vos épaules ? »

L'armée française veut s'équiper d'un nouvel avion de chasse. Un prototype ultra-moderne est mis au point. Mais, lors du premier vol d'essai, dès que l'appareil a atteint la vitesse Mag 2, les deux ailes se déchirent en même temps et l'avion s'écrase au sol.

Les meilleurs techniciens militaires et civils étudient minutieusement l'épave pour chercher les causes de la tragique avarie, mais ils ne trouvent rien.

Un second prototype est donc construit et essayé à son tour. Et, dès qu'il atteint la vitesse Mag 2, les deux ailes se déchirent en même temps et l'avion s'écrase au sol, comme le premier.

Pendant des mois, la fine fleur de l'élite scientifique tente de comprendre ce qui est arrivé. En vain.

Un troisième, puis un quatrième, puis un cinquième prototypes sont successivement construits et expérimentés. Tous se craschent de façon identique, les deux ailes se déchirant dès que la vitesse Mag 2 est atteinte.

La presse d'opposition, bien sûr, fait ses choux gras de cette affaire.

Mais, un jour, un pékin se présente au ministère de la Défense.

« Je ne suis pas un spécialiste de l'aéronautique, dit-il aux manitous de l'armée, mais j'ai beaucoup réfléchi à votre petit problème et je crois pouvoir le résoudre aisément. »

Au point où l'on en est, on décide de lui laisser carte blanche, et on lui confie le sixième prototype qui, justement, vient d'être achevé mais que l'on n'ose pas essayer.

Le gars prend une perceuse électrique et, à l'endroit exact où les ailes ont l'habitude de se déchirer, fait dans la tôle une ligne de trous bien réguliers.

« Voilà, dit-il. Je pense que tout se passera bien, maintenant. »

On essaie donc l'avion.

A Mag 1, tout va bien. A Mag 2, les ailes tiennent le coup. A Mag 3, elles résistent toujours.

L'essai est pleinement couronné de succès et, quand l'avion rejoint le sol en douceur, on fait un triomphe au génial bricoleur civil.

« Mais, lui demande le ministre de la Défense, puis-je savoir ce qui vous a fait supposer qu'une simple ligne de trous, pratiquée dans les ailes, les empêcherait de se déchirer ?

— Je suis fabricant de papier hygiénique, répond modestement l'homme, et j'ai remarqué depuis longtemps que ça ne se déchirait jamais à l'endroit du pointillé... »

⁂

Au mess des officiers, le capitaine Marchopa, boute-en-train de la caserne, a organisé un concours de pets. Il commence le premier et fait une flatulence aussi sonore que nauséabonde. Le maréchal-des-logis Avoranfix fait mieux encore, et le lieutenant-colonel Corvey de Patateux obtient un franc succès avec un pet qui fait trembler les vitres.

Arrive le tour du jeune sous-lieutenant Lebleu. Il ferme les yeux, serre les mâchoires, tend les fesses, force, et fait finalement flûter un léger *Pfuiiiit !* qui s'entend à peine.

« Peuh ! ricane le lieutenant-colonel à l'oreille du capitaine. Encore un puceau ! »

Un officier s'approche d'une fille de joie :

« Mademoiselle, accepteriez-vous ma compagnie ?

— Bien sûr ! »

L'officier se retourne alors et crie :

« 7e compagnie, en avaaaaant... marche ! »

Au cours de l'attaque, l'héroïque soldat a lutté seul contre dix féroces ennemis qui l'ont littéralement mis en charpie. Un œil arraché, la gorge à demi tranchée, les bras et les jambes sectionnés tout net, il agonise. Le colonel se penche sur lui :

« Est-ce que vous souffrez, mon vieux ?

— Seulement quand je ris, mon colonel. »

A l'infirmerie de la caserne, attendant quatre soldats qui, au réveil, ce matin-là, se sont fait porter malades.

« De quoi souffrez-vous ? demande le médecin-major au premier.

— J'ai des hémorroïdes, fait le troufion.

— Déculottez-vous. »

Le médecin-major prend un bout de bois et un coton, entortille le coton autour du bout de bois, trempe le tout dans du bleu de méthylène, l'enfonce profondément dans l'anus de l'hémorroïdeux, l'y agite un moment.

« Voilà, fait-il. Au suivant. De quoi souffrez-vous ?

— J'ai la colique, fait le bidasse.

— Déculottez-vous. »

Sans prendre la peine de changer le coton, le médecin-major le trempe de nouveau dans du bleu de méthylène et procède avec ce patient comme avec le précédent.

« Voilà, fait-il. Au suivant. De quoi souffrez-vous ?

— Je suis constipé, pleurniche l'homme de troupe.

— Déculottez-vous. »

Mais, pendant qu'il enfonce dans le fondement du constipé le bout de bois et le coton qui ont déjà servi deux fois, le quatrième soldat demande d'une voix timide :

« Dites, après celui-là, ça ne vous ennuierait pas de changer le coton ? Parce que moi, j'ai une angine ! »

Plusieurs troufions ont été surpris à faire le mur. Le capitaine les reçoit un par un pour les sermonner.

Le soldat qui passe le premier se fait copieusement engueuler, puis le capitaine lui dit :

« J'espère que cela vous servira de leçon. Maintenant, vous pouvez partir et m'appeler Durand.

— Merci, Durand ! » fait le bidasse en saluant avant de sortir.

⁂

DEVINETTES ET CHARADES

DEVINETTES

Pourquoi la peau des testicules jaunit-elle en vieillissant ?
Réponse : à cause de la fumée des pipes.

⁂

Le meilleur moment de l'amour, pour l'homme, est-il avant, pendant, ou après ?
Réponse : c'est après. Parce qu'après, c'est toujours pendant...

Sur un aéroport international, à quoi reconnaît-on les avions espagnols ?
Réponse : aux grosses touffes de poils qu'ils ont sous les ailes.

Quelle est la différence entre un pendu et une femme enceinte ?
Réponse : le pendu est passé à travers un nœud coulant, alors qu'un nœud coulant est passé à travers la femme enceinte.

*
**

Quel est le point commun entre une femme chaude et un ascenseur ?

Réponse : on les envoie tous deux en l'air en mettant un doigt sur le bouton adéquat.

*
**

Pourquoi les souris ne nichent-elles jamais dans le slip des filles ?

Réponse : à cause de la chatte.

*
**

Comment identifie-t-on le sexe d'un lapin ?

Réponse : en lui touchant le crâne, car il n'y a pas d'os dans la tête de lapine.

*
**

Pourquoi les Noirs ont-ils de gros sexes ?

Réponse : parce que les Noires ont de grandes bouches.

*
**

Y a-t-il une différence entre les cacahouètes et les clitoris ?

Réponse : non. Ce sont des amuse-gueule.

*
**

Qu'est-ce qui rend les seins de femmes comparables aux trains électriques ?

Réponse : ils sont, comme les trains électriques, destinés aux petits enfants. Mais ce sont toujours les papas qui font joujou avec.

⁂

Connaissez-vous la différence entre une boîte à lettres et le troufignon d'un brigadier de gendarmerie ?

Si vous ne la connaissez pas, n'allez jamais poster vous-même votre courrier !

⁂

Quelle est la différence entre un billard électrique et une prostituée ?

Réponse : on met de l'argent dans la fente d'un billard électrique, puis on joue avec les mains, alors qu'on met de l'argent dans la main d'une prostituée, puis on joue avec la fente.

⁂

Une petite souris traverse une voie de chemin de fer quand un train, surgissant soudain, lui coupe le bout de la queue.

Meurtrie et humiliée, la petite souris veut absolument récupérer son bout de queue. Aussi, retourne-t-elle sur les rails. Mais un nouveau train surgit et lui sectionne la tête.

Quel était le sexe de la petite souris ?

Réponse : c'était une femelle, bien sûr, car seule une femme peut totalement perdre la tête pour un bout de queue.

⁂

Pourquoi le roi Henri III lisait-il très peu ?

Réponse : parce qu'il sautait les pages...

Que faut-il faire pour redresser un bossu ?

Réponse : il faut le mettre sous un orage afin qu'il soit frappé par un éclair. Parce qu'un éclair, ça foudroie.

Où s'installent les anges quand ils sont pris d'un urgent besoin de se soulager la vessie ?

Réponse : sur un nuage, pour faire pluie-pluie.

Qu'est-ce qui est dur et sec quand ça entre dans l'orifice, et qui est mou et humide quand ça en ressort ?

Réponse : un chewing-gum.

Pourquoi Dieu a-t-il donné des jambes aux femmes ?

Réponse : pour qu'elles puissent se déplacer sans laisser de traces comme les escargots.

Entre un coup tiré avec une épouse légitime et un coup tiré avec une maîtresse elle-même mariée, y a-t-il une différence ?

Réponse : oui. C'est la nuit et le jour !

⁂

Les ouvrières et les putes travaillent à la chaîne les unes comme les autres. Qu'est-ce qui différencie leurs ouvrages ?

Réponse : les ouvrières débitent des caisses, les putes encaissent des bites.

***

Quelle point commun y a-t-il entre une chaussette mouillée et une pucelle ?

Réponse : toutes les deux sont très difficiles à enfiler.

***

Quel point commun y a-t-il entre les femmes et les artichauds ?

Réponse : chez elles comme chez eux, c'est sous les poils que se trouve le plus savoureux morceau.

***

Quel point commun y a-t-il entre un ancien instituteur et un tampon périodique ?

Réponse : tous deux sortent du corps... enseignant !

***

Quel point commun y a-t-il entre un roi qui vient de prendre épouse et un taureau qui va affronter le matador ?

Réponse : pour l'un comme pour l'autre, le moment est venu de pénétrer dans l'arène.

***

Comment font quatre homosexuels pour s'asseoir ensemble sur une seule chaise ?

Réponse : ils la retournent.

⁂

Pourquoi est-il expressément recommandé aux jeunes filles de baisser les yeux quand un homme leur déclare qu'il les désire ?

Réponse : pour savoir s'il dit la vérité.

⁂

Quelle différence y a-t-il entre un prêtre et un arbre de Noël ?

Réponse : aucune. Chez l'un comme chez l'autre, les boules sont exclusivement décoratives.

⁂

Savez-vous quel est indubitablement le plus long nerf de tout le système nerveux ?

Réponse : c'est le nerf optique. La preuve : quand on s'arrache un poil de cul, ça fait pleurer.

⁂

Pourquoi les moines ont-ils une tonsure ?

Réponse : pour pouvoir se faire des bises pendant qu'ils se sodomisent à la queue leu leu.

⁂

Dans la famille Borgia, qu'est-ce qu'une fille vierge ?

Réponse : c'est une fille qui court plus vite que son frère et son papa.

⁂

Après l'amour, à quoi ressemble la vulve d'une femme ?

Réponse : à un bouledogue qui vient de manger un yaourt nature.

⁂

Savez-vous ce que les Coréens font de leurs ordures ménagères ?

Réponse : ils les jettent.

⁂

Savez-vous pourquoi Sir Winston Churchill n'avait pas du tout le même nez que le général De Gaulle ?

Réponse : justement parce que c'était le nez du général De Gaulle, et pas le sien.

⁂

De quelle couleur sont les petits pois ?

Réponse : les petits poissons rouges (les petits pois sont rouges).

⁂

Devinette à poser avec l'accent auvergnat : quelle différence y a-t-il entre une poule et un chapon ?

Réponse : aucune. Parce que la poule, ça pond (cha pond). Et le chapon, ça pond pas (cha pond pas).

⁂

Quel est le comble de l'érotomanie pour un électricien ?
Réponse : c'est de masturber un poteau électrique pour faire venir le jus...

⁂

Qu'est-ce qui est entièrement rose, qui a une trompe, qui pousse des barrissements et qui pèse plusieurs tonnes ?
Réponse : un éléphant travesti en framboise.

⁂

Pourquoi les chiens pratiquent-ils l'auto-fellation ?
Réponse : parce qu'ils le peuvent !

⁂

Peut-on fabriquer de la laine avec la peau de mérou ?
Réponse : oui, parce que la peau de mérou se tond.

⁂

Comment surnomme-t-on une femme à la fois vaginale et clitoridienne ?
Réponse : Loto. Parce qu'on a, avec elle, une chance au tirage et une chance au grattage.

⁂

Qu'est-ce qui est noir, puis rose, puis noir, puis rose, puis noir, puis rose, puis noir, puis rose, et ainsi de suite ?
Réponse : la quéquette d'un Noir qui se masturbe.

A quoi reconnaît-on un préservatif d'un parachute ?

Réponse : quand un préservatif se déchire, quelqu'un va probablement naître ; quand c'est un parachute, quelqu'un va assurément mourir.

Quand un anthropophage va dans un restaurant de l'ONU pour manger un casque, comment demande-t-il qu'il lui soit servi ?

Réponse : bleu, mais quand même à point.

Comment s'appelle un Peau-Rouge engagé pour faire le ménage ?

Réponse : un Commanche à balai.

Pourquoi Dieu a-t-il créé l'alcool et donné aux hommes l'envie d'en boire parfois un peu trop ?

Réponse : pour que même les filles les plus moches aient de temps en temps une chance de se croire séduisantes.

Pourquoi les très vieilles femmes pratiquent-elles les meilleures fellations ?

Réponse : parce que leurs dents branlent.

Pourquoi, dans les contrées où il y a des mines de houille, les filles se font-elles déniaiser très jeunes ?

Réponse : parce que le concerto... en sol mineur !

Pourquoi les femmes pygmées ne mettent-elles jamais de tampon hygiénique ?

Réponse : pour ne pas s'emmêler les pieds dans la ficelle.

Qu'arrive-t-il quand la maréchaussée fait une descente dans un bordel ?

Réponse : c'est la débandade chez les clients, et les filles sont paniquées.

Comment se prénomme le sexe des mammifères mâles ?

Réponse : Zani. Car, entre leurs pattes, pend Zani.

Comment font les visonnes pour avoir des petits visons ?

Réponse : exactement comme les femmes.

Quel est le sexe d'un avion dont les pneus éclatent à l'atterrissage ?

Réponse : c'est un mâle. La preuve : ses roues pètent.

Quelle est la différence entre un Noir et un pneu ?
Réponse : quand on met des chaînes à un pneu, il ne chante pas le blues.

⁂

Qu'est-ce qui distingue l'abominable homme des neiges de l'abominable femme des neiges ?
Réponse : une abominable paire de roustons.

Qu'est-ce qui est vert, petit, rond, et qui monte, puis descend, puis monte, puis descend, puis monte, puis descend, puis monte, puis descend ?
Réponse : un petit pois dans un ascenseur.

Dans quel bois taille-ton les meilleures pipes ?
Réponse : dans le bois de Boulogne.

Quelle différence y a-t-il entre les latrines et le cimetière ?
Réponse : aucune. Quand faut y aller, faut y aller.

CHARADES

Mon premier est un fruit.
Mon second est un fruit.

Mon troisième est un fruit.
Mon quatrième est un fruit.
Mon cinquième est un fruit.
Mon sixième est un fruit.
Mon septième est un fruit.
Mon huitième est un fruit.
Mon neuvième est un fruit.
Mon dixième est un fruit.
Mon tout est un hymne national.
Solution : la « Marseillaise » *(pomme-pomme-pomme-pomme, pomme, pomme, pomme, pomme, pomme-pomme !).*

Mon premier est une rondelle de saucisson sur un boomerang.
Mon second est une rondelle de saucisson sur un boomerang.
Mon troisième est une rondelle de saucisson sur un boomerang.
Mon quatrième est une rondelle de saucisson sur un boomerang.
Mon cinquième est une rondelle de saucisson sur un boomerang.
Mon sixième est une rondelle de saucisson sur un boomerang.
Mon tout est une saison.
Solution : le printemps *(les six rondelles sont de retour).*

Mon premier est un cul-de-jatte qui descend une rue à toute vitesse.
Mon second est un cul-de-jatte qui descend une rue à toute vitesse.
Mon troisième est un cul-de-jatte qui descend une rue à toute vitesse.

Mon quatrième est un cul-de-jatte qui descend une rue à toute vitesse.

Mon cinquième est un cul-de-jatte qui descend une rue à toute vitesse.

Mon sixième est un cul-de-jatte qui descend une rue à toute vitesse.

Mon tout est une boisson agréablement désaltérante.

Solution : citron pressé *(six troncs pressés)*.

Mon premier est un sexe masculin.

Mon second est un sexe masculin.

Mon tout est une charmante petite fleur qui s'épanouit dans les haies.

Solution : aubépine *(zob et pine)*.

On donne sa langue à mon premier.

On se fait piquer par mon second.

Les Iraniens ont flanqué feu mon troisième à la porte.

Mon quatrième arrose Chartres et se jette dans la Seine.

Mon tout fait le bonheur d'un homme normalement constitué.

Solution : chatte en chaleur *(chat, taon, shah, l'Eure)*.

Mon premier se vautre dans les câpres.

Mon second porte le fruit du péché.

Mon tout est mort d'une royale vérole.

Solution : François Ier *(anchois, pommier)*.

⁂

Mon premier est fait par le temps.
Mon second est fait par un milliardaire.
Mon troisième est fait par le diable.
Mon tout est la capitale de la France.

Solution : Paris. Parce que *temps fait* “ *Pa* ” (t’en fais pas), *rock fait l’* “ *r* ” (Rockfeller) et *Méphisto fait l’* “ *s* ” (Méphistophélès).

Et le i ?

C’est vous qui le faites : *le con fait* “ *i* ” (le confetti) !

CALEMBOURS ET CONTREPÈTERIES

CALEMBOURS (BONS) ET JEUX DE MOTS (LAIDS)

Chaque soir, un pêcheur de moules rentre chez lui en disant à sa femme :
« Je suis moulu !
— C'est normal, lui répond toujours sa femme, puisque tu as passé la journée à pêcher la moule... »
Mais, un matin, elle lui dit :
« Dis donc, le plombier doit passer aujourd'hui. Tu serais gentil d'aller à la chasse au coq... »

Un croissant fabriqué par un boulanger d'origine nord-africaine — mais né en France — est toujours bien plus succulent qu'un croissant fabriqué par un boulanger 100 % français. Pourquoi ?
Parce que c'est un croissant beur.

⁂

Grandes mondanités au castel de Mézillac-sur-Arpions (Dordogne Maritime). La vénérable duchesse, qui reçoit, se précipite vers un non moins vénérable marquis dès qu'elle l'aperçoit dans un groupe d'invités.

« Ah ! Marquis ! Mon vieux complice !

— Eh ! oui, duchesse ! La peau de mes couilles aussi... »

On ignore encore, trop souvent, l'origine du système métrique.

C'est au paradis terrestre que celui-ci, voici bien longtemps, a été inventé.

Tout a commencé le jour où Adam a dit à Eve : « Viens, je vais te le *mettre...* »

Un tout petit peu plus tard, Eve, songeuse, a soupiré : « Ah ! comme je l'ai bien *senti mettre...* »

Un négrillon qui avait tout vu, s'étant caché derrière l'arbre de la tentation, est venu supplier Adam : « Dis, missié Adam, ti voudrais pas *mi li mettre* aussi ?... »

Mais Dieu se fâcha tout rouge et s'écria : « Je n'aurais pas dû donner un sexe à l'homme ! Si je fabrique de nouveau des êtres humains, je saurai à *qui l'omettre...* »

Un curé roule à bicyclette. Dans une longue et raide descente, ses freins lâchent. Heureusement, il vient justement d'acheter de la poudre à laver la vaisselle : il en lance une pincée en l'air, et son vélo s'arrête net. Normal, puisque c'est de la poudre *à récurer...*

Et, quand le fossoyeur du village est trop pompette pour procéder à une exhumation, le curé se sert de la même poudre :

il en jette une pincée sur la tombe voulue, et le mort est instantanément déterré. Normal, puisque c'est du *détergent*...

« Je ne comprends pas pourquoi tu fais le salut militaire chaque fois qu'une prostituée nous racole...

— Parce qu'il faut saluer quand la raie publique nous appelle ! »

Un type marche dans la rue en faisant rouler une grosse boule devant lui.

« Que faites-vous ? demande un passant intrigué.

— Moi ? Vous voyez bien que je suis maboule ! »

Un gars a fait la conquête d'une sculpturale fille, mais elle hésite encore à venir chez lui.

« Je veux bien aller chez toi, finit-elle par céder, mais à une condition.

— Tout ce que tu voudras. Laquelle ?

— Je veux que tu me fasses minette...

— Pas de problème ! J'adore faire minette.

— Tu me le feras longtemps, longtemps, jusqu'à ce que je jouisse ?

— C'est promis.

— Et quand je jouirai, tu me boiras ?

— J'en suis tout émoustillé d'avance ! Au fait, comment t'appelles-tu ?

— Denise.

— Denise ? Ah ! ben alors, non, je ne veux pas te boire !

— Mais pourquoi ? interroge la fille toute décontenancée. Il y a une seconde, ça semblait pourtant t'exciter d'avance au plus haut point !

— Je ne veux plus te boire, parce que tu t'appelles Denise.

— Et alors ?

— Et alors, je ne tiens pas à pourrir !

— Je ne comprends pas...

— Moi, ma fille, je me fie au proverbe !

— Quel proverbe ?

— *Boire Denise, et pourrir !* »

⁂

Des viticulteurs alsaciens font venir, pour les vendanges, une équipe de Nigériens.

Mais, sitôt arrivés, les Nigériens repartent tout affolés.

Le chef des vendangeurs leur a, en effet, imprudemment annoncé qu'on allait, dès le lendemain, couper les pinots noirs.

⁂

Un journaliste se présente en Alsace à la réception d'un hôtel :

« Je suis chroniqueur...

— A l'extérieur, faites ce que vous voulez, grogne le réceptionniste. Mais pas d'orgie dans les chambres ! »

⁂

Pourquoi les truands en cavale sont-ils aimés des sodomites ?

Parce qu'ils ont la police aux fesses.

⁂

Un homme tout ratatiné pénètre dans un magasin de pompes funèbres, ouvre son pantalon, en extirpe une quéquette lamentablement desséchée et, s'approchant du comptoir, la montre à la réceptionniste.

« Mais, piaille celle-ci horrifiée, vous êtes fou !

— Pourquoi ? Il paraît que vous vous occupez des obsèques ! »

Pourquoi les Belges se munissent-ils d'une savonnette et d'une éponge pour aller à la messe ?

C'est pour l'*Ave Maria*...

Pourquoi les Belges ne boivent-ils plus jamais d'eau gazeuse ?

Parce qu'ils ont peur d'attraper le soda.

Pourquoi les Suisses s'enfilent-ils les oreilles dans des préservatifs ?

Parce qu'ils ont peur d'entendre parler du Sida.

Conversation téléphonique en Arabie saoudite :

« Allô, Ali ?

— Non, Allah.

— Ahmed, alors ! »

⁂

Une adorable petite nana, s'étant fait un bobo, va dans une pharmacie et demande au potard :

« Auriez-vous une petite compresse ?

— Non, mais j'ai une grosse qu'on suce ! »

Une accorte Martiniquaise entre dans une parfumerie et dit au très jeune vendeur :

« Avez-vous de la poud'e de 'iz ?

— Heu... fait le puceau embarrassé, je vais demander au patron s'il en reste ! »

Et, discrètement, il va dire à son patron :

« J'ai une cliente, là-bas, qui me demande de la poud'e de 'iz ! Je ne comprends pas du tout de quoi elle veut parler !

— Jeune sot ! répond le patron. Ne savez-vous pas que beaucoup de gens de couleur ne parviennent pas à prononcer le son *r* ? Que diable ! Soyez perspicace ! Cette dame veut simplement de la poudre de riz ! Quand elle vous parle, n'oubliez pas son défaut de prononciation : reconstituez les mots en rajoutant des *r* où il en faut ! »

Le jeune vendeur retourne vers la cliente martiniquaise, et le patron ne fait dès lors plus attention à eux. Mais, tout à coup, un bruit de gifle retentit et la Martiniquaise éclate en violentes imprécations indignées contre le vendeur. Le patron, aussitôt, se précipite.

« Que s'est-il passé ? demande-t-il au vendeur.

— Je ne comprends pas, fait celui-ci, tout penaud, en se frottant la joue d'une main et en se refermant la braguette de l'autre. J'ai juste fait ce qu'elle m'a demandé...

— Et que vous a-t-elle demandé ?

— De lui montrer ce que j'avais comme houpettes ! »

⁂

Comment peut-on faire croire aux voisins que l'on possède un chien de garde alors qu'on n'a qu'un chat chez soi ?

On met tout simplement le chat à jeun devant une écuelle de lait. Et, aussitôt, il la boit.

⁂

On sonne chez Jean Barderne (à lier), le célébrissime écrivain qui ne se prend pas pour de la crotte d'académicien. Un larbin vient ouvrir et demande au visiteur :

« C'est pour le Maître ?

— Non, non. C'est juste pour lui parler. »

⁂

Il existe un excellent remède contre la vérole, les chancres et le Sida.

C'est le curare.

Une fieffée écumeuse de prépuces et une pucelle font du bateau ensemble. Soudain, elles découvrent que la barque prend légèrement l'eau. Et, aussitôt, la pucelle saute dans l'eau et s'enfuit à la nage.

Parce qu'elle est pas niquée...

⁂

« Est-ce un bon avocat ?

— Ça m'étonnerait. Chez lui, même les fenêtres sont condamnées ! »

***

« Où est-ce que tu habites?
— Dans mon slip, pardi ! »

***

Que donne le mot *coquille* si l'on oublie la lettre *q?*
Une coquille, justement !

***

Un type arrive dans un hôtel sans avoir retenu de chambre.
« Tout est complet, annonce le patron, mais j'ai une cliente mexicaine qui est seule dans un très grand lit et qui acceptera peut-être de le partager avec vous... »
Effectivement, la Mexicaine veut bien héberger le voyageur imprévoyant dans son dodo. Elle se couche toute nue, pousse dans l'obscurité des soupirs à fendre l'âme, colle son corps lisse et brûlant à celui de l'homme et, en bref, fait tout ce qui est nécessaire pour que celui-ci comprenne qu'elle est toute disposée à jouer à touche-pipi avec lui.
Mais l'homme est un gentleman. Ne voulant pas abuser de la situation, il se tient coi.
Le lendemain, au petit déjeuner, ils sont face à face.
« C'était la première fois que je dormais près d'une Mexicaine, dit le gars.
— Et moi, soupire la Mexicaine, c'était la première fois que je dormais près d'un mec si con ! »

CONTREPÈTERIE

Le docteur ampute la jambe pour la feutrer de bourre.
(Le docteur enjambe la pute pour la beurrer de foutre.)

A l'avis de la butte, elle mit les deux pains sur la mine et posa son bidon sur un quai.
(A la vue de la bite, elle mit les deux mains sur la pine et posa son con sur un bidet.)

Ce vigoureux troupier lui a mis le pont en feu.
(Ce vigoureux pompier lui a mis le trou en feu.)

***

Grimpez-vous sur la berge du ravin ? Que de mousse à la pistache ! Entre la fine et l'épaisse, un dé roule dans les concombres et fait dresser les topinambours...
(Grimpez-vous sur la verge du rabbin ? Que de pisse à la moustache ! Entre la pine et les fesses, un con roule dans les décombres et fait dresser les pines aux tambours...)

Cette dame adore bêcher les allées.
(Cette dame adore lécher les abbés.)

Les femmes aiment que le vent siffle dans la rue de leur quai...
(Les femmes aiment que le vit s'enfle dans la raie de leur cul...)

Le cuistot purifie la vaisselle avant de l'empiler avec son fiston.
(Le cuistot vérifie la pucelle avant de l'enfiler avec son piston.)

Rien ne vaut une escalope sur une belle salade !
(Rien ne vaut une escalade sur une belle salope !)

Permettez-moi, madame, de nicher vos pinsons.
(Permettez-moi, madame, de pincer vos nichons.)

Le Cap a des populations laborieuses.
(Le pape a des copulations laborieuses.)

Cet homme arrive à pied par la Chine.
(Cet homme arrive à chier par la pine.)

Les Nippons comptent pour beaucoup dans le redressement de la Chine.

(Les nichons comptent pour beaucoup dans le redressement de la pine.)

⁂

Les pots de résine finissent par me dégoûter de garder la lande et de crier l'aveu dans un car qui, pourtant, mérite un dû.

(Les pets de Rosine finissent par me dégoûter de darder la langue et de vriller la queue dans un cul qui, pourtant, mérite un dard.)

⁂

Pour trouver la date, elle se fie à mon choix.

(Pour trouver la chatte, elle se fie à mon doigt.)

⁂

Laissez-moi tricoter votre poncho : je sais que les clans vont et viennent dans votre groupe. Mais, de la messe à la foule, vous avez sûrement le calibre pour un gros dur !

(Laissez-moi tripoter votre con chaud : je sais que les glands vont et viennent dans votre croupe. Mais, de la fesse à la moule, vous avez sûrement le cul libre pour un gros dard.)

⁂

Votre crampe me fait bouder, et j'ôte ma calotte en buvant.

(Votre croupe me fait bander, et j'ôte ma culotte en bavant.)

⁂

Est-il vrai que votre époux secoue les nouilles ?
(Est-il vrai que votre époux se noue les couilles ?)

Laissez-moi, par pitié, chuter dans votre jatte !
(Laissez-moi, par pitié, juter dans votre chatte !)

Puis-je me nicher dans vos torchons ? J'aimerais tant prendre mon thé entre ces piétons !
(Puis-je me torcher dans vos nichons ? J'aimerais tant prendre mon pied entre ces tétons !)

Quand votre mouche frôle le béat, les douilles vibrent et je vide mon carafon.
(Quand votre bouche frôle le méat, les couilles vibrent et je vide mon dard à fond.)

Laissons là l'utopie, et allons glisser dans la piscine.
(Laissons la pute au lit, et allons pisser dans la glycine.)

Que de rites pour une bombe, hier ! Moi, je prends plutôt mes écus dans votre bas.
(Que de bites pour une rombière ! Moi, je prends plutôt mes ébats dans votre cul.)

⁂

Les femmes ne sont-elles pas déjà vingt ? Ton propre néant est si fécond que, même quand je te couds, au fond, c'est toujours l'ami qui finit mon vin.

(Les femmes ne sont-elles pas des vagins ? Ton propre con est si fainéant que, même quand je te fous au con, c'est toujours la main qui finit mon vit.)

L'abbé a la mine piteuse, mais elle met le couchant en valeur.

(L'abbé a la pine miteuse, mais elle met le couvent en chaleur.)

HISTOIRES ABSURDES

Une vieille dame surprend un jeune garçon en train d'en tripoter un autre.

« Petit inverti ! le gourmande-t-elle. Pourquoi fais-tu des choses aussi répugnantes ?

— C'est par superstition, madame, que je touche mon copain.

— Comment, par superstition ?

— Oui, mon copain s'appelle Dubois. »

Un bègue se pro[illegible]e en ville avec un ami.

« Dis... dis... dis donc ! fait le bègue. T'as... t'as... t'as... t'as vu la vivi... la vivi... la vitrine ?

— Quelle vitrine ?

— Trop... trop... trop tard ! On l'a dédé... on l'a dédé... on l'a déjà dépassée. »

Cent mètres plus loin :

« Dis... dis... dis donc ! T'as... t'as... t'as... t'as vu la gongon... la gongon... la gonzesse ?

— Quelle gonzesse ?

— Trop... trop... trop tard ! Elle est dédé... elle est dédé... elle est déjà partie. »

Encore cent mètres plus loin :

« Dis… dis… dis donc ! T'as vu la mèmè… la mèmè…

— Oui ! oui ! s'écrie l'ami excédé. Je l'ai vue !

— Alors, poupou… poupou… pourquoi t'as mis le pied en plein dedans ? »

⁂

Dans la cour d'un asile, un fou est allongé par terre. Un autre fou saute sur lui à pieds joints en comptant :

« Un ! »

Puis il recommence en comptant :

« Deux ! »

Et il continue en comptant :

« Trois ! »

Un infirmier rapplique en vitesse, effaré, et lui demande :

« Pourquoi faites-vous ça ?

— Il m'a dit que je pouvais compter sur lui ! »

« Maman ! Maman ! Le petit voisin est tombé dans la fosse à purin !

— Jusqu'où est-il enfoncé ?

— Jusqu'aux chevilles.

— Bah ! Alors, ce n'est pas grave.

— Oui, mais il a la tête en bas… »

Un crocodile bleu, avec des taches jaunes, coiffé d'un chapeau melon et fumant le cigare, entre dans un bar des Champs-Elysées et commande une coupe de champagne.

« Ça alors ! fait le serveur. C'est la première fois qu'un crocodile bleu, avec des taches jaunes, coiffé d'un chapeau melon et fumant le cigare, entre ici et commande du champagne !

— Ah bon ? dit le crocodile.

— Ouais ! D'habitude, ils commandent du whisky ! »

⁂

Un vieux paysan amène son bouc chez le vétérinaire.

« Il a une grosse grippe, votre bouc, père Mathurin ! fait le vétérinaire. Il faudrait le tenir bien au chaud pendant quelque temps, surtout la nuit.

— Cré bon sang d' bon d' là ! Le tenir au chaud ? J'allions le faire coucher avec moué, dans mon lit, et pis v'là tout !

— Mais... et l'odeur, père Mathurin ?

— L'odeur ? Ah ! ben ça, l'odeur, tant pis pour lui : faudra qu'il s'habitue. »

Sur la promenade des Anglais, à Nice, un Canadien entre dans un bar avec, en laisse, un énorme ours polaire.

« Oh ! peuchère ! fait le patron. Qué drôle d'animal ! Où l'avez-vous dégoté, vé ?

— Bof ! répond l'ours. Chez nous, sur la banquise, les Canadiens ne sont pas rares du tout, vous savez ! »

Que mettent les éléphants pour marcher dans le sable du désert ?

Des raquettes.

Et pourquoi les autruches s'enfoncent-elles la tête dans le sable ?

Pour vérifier que les éléphants aient bien mis leurs raquettes.

⁂

En villégiature à Champignac-en-Cambrousse (Lot-et-Marne), un Parisien demande à un agriculteur :

« Les vaches, là, dans le pré, combien produisent-elles de lait ?

— Oh ! ben les blanches en donnent pas moins de douze litres par jour, répond le paysan. Et, après un instant, il ajoute : Les noires aussi, d'ailleurs.

— Et elles mangent beaucoup de fourrage ?

— Oh ! ben les blanches en bouffent pas loin d'une tonne chaque hiver. Les noires aussi, d'ailleurs.

— Elles coûtent cher, ces vaches ?

— Oh ! ben faut quasiment compter dans les dix mille francs pour les blanches. Pour les noires aussi, d'ailleurs.

— Mais pourquoi parlez-vous toujours des blanches d'abord, et des noires ensuite seulement ?

— Oh ! ben parce que les blanches, celles-là, elles sont à moi. Les noires aussi, d'ailleurs. »

Deux cinglés discutent dans la cour d'un asile.

« Te souviens-tu des circonstances dans lesquelles tu es devenu siphonné ? demande l'un.

— Comme si c'était hier ! C'était au cours d'une nuit sans lune. J'étais dans la chambre de ma maîtresse, et elle m'a supplié de la prendre en levrette...

— Et c'est ce qui t'a rendu fou ? s'étonne son pote.

— Non, non. Mais, au moment où je la pénétrai, son mari a brusquement ouvert la porte et nous a vus en pleine action.

— Je comprends. C'est à ce moment-là que la surprise t'a rendu fou.

— Non, non. Le mari a voulu se jeter sur moi et, pour lui échapper, j'ai sauté par la fenêtre.

— Je devine la suite. Quand tu as compris que tu allais vraisemblablement t'écraser neuf ou dix étages plus bas, tu es devenu fou.

— Non, non. Par je ne sais quel miracle, j'ai réussi à m'accrocher au rebord de la fenêtre et à rester là, suspendu...

— Alors, peu à peu, tu as senti tes doigts s'ankyloser, tu as su que tu allais bientôt lâcher prise, et l'angoisse t'a rendu fou.

— Non, non. J'ai tenu bon. Mais le mari m'a vu en se penchant. Et, avec un rictus de haine, il est monté sur le rebord de la fenêtre et m'a sauvagement martelé les doigts à grands coups de talons.

— J'ai tout compris. C'est alors que la souffrance t'a rendu fou.

— Non, non. J'ai résisté à la douleur et je n'ai toujours pas lâché prise. Je suis resté ainsi toute la nuit, frigorifié, les doigts en marmelade, à bout de forces, suspendu à la fenêtre tandis que le mari m'injuriait sans fin.

— Et c'est petit à petit, au cours de cette interminable et terrible nuit, que tu es devenu fou.

— Non, non. Je suis devenu fou subitement, quand le jour s'est levé.

— Mais... pourquoi ?

— Parce que je me suis aperçu que ma maîtresse habitait au rez-de-chaussée et que j'avais les pieds à cinq centimètres du sol ! »

Deux fous sont intrigués par les rires et les cris joyeux qui s'élèvent de l'autre côté du mur d'enceinte de l'asile. Ils parviennent à dérober une échelle et la dressent contre le mur. Et, pendant que l'un d'eux fait le guet, l'autre grimpe dare-dare à l'échelle pour regarder par-dessus le mur.

« Alors, fait celui qui est resté en bas, qu'est-ce que tu vois ?
— C'est incroyable ! fait le fou qui est au sommet du mur. De l'autre côté, il y a un camp de nudistes ! C'est plein de gens à poil qui se promènent ! A poil, dis donc ! A poil !
— Bon sang ! Est-ce qu'il y a des gonzesses ?
— Comment veux-tu que je sache ? Je te dis qu'ils sont tous à poil ! »

⁂

« Je n'ai rien contre l'humour, au contraire, mais j'en ai assez de ces histoires qui n'en finissent pas et qui sont toujours sales.
— J'en connais une courte et propre.
— Raconte vite !
— Voilà. C'est un homme qui sort de son bain... »

⁂

Un père, courroucé, vient voir l'instituteur.
« Mon fils me dit que vous l'avez puni parce qu'il jouait avec les boules de billard pendant la récréation ?
— Parfaitement, monsieur.
— Mais c'est insensé ! Il n'y a pas de mal à cela !
— Pas de mal à cela ? je suis d'autant moins de votre avis que l'élève Billard n'était nullement consentant ! »

⁂

Yvan Duporambouate est à la tête d'une grosse entreprise. Autoritaire, pète-sec, il ne veut être entouré que d'employés jeunes, dynamiques, forts en gueule et ambitieux. Or, un jour, une place de représentant étant libre, se présente un tout petit bonhomme insignifiant. Yvan Duporambouate veut l'éjecter sur le champ, mais le petit bonhomme insiste :
« Je vous en supplie... J'ai beaucoup de relations !

— Bon, fait Yvan Duporambouate, je veux bien vous embaucher à l'essai. Comment vous appelez-vous ?

— Pierre Kiroul... »

A cet instant, un des plus gros clients de l'entreprise entre à l'improviste dans le bureau et, voyant le petit bonhomme, semble abasourdi.

« Mais c'est ce vieux Pierre Kiroul ! s'exclame-t-il. Comment allez-vous, mon cher Kiroul ? Je suis content de vous trouver ici. Et surtout, si vous avez un service à me demander, n'hésitez pas ! »

Yvan Duporambouate est un peu désarçonné, mais il oublie l'incident. En effet, il est très préoccupé par la visite officielle qu'un ministre doit lui rendre, le lendemain, dans les locaux de l'entreprise.

La visite du ministre se passe mal, et Yvan Duporambouate est catastrophé. Mais, alors qu'il va partir, le ministre aperçoit Pierre Kiroul parmi les employés formant une haie d'honneur sur son passage. Aussitôt, il dit à Yvan Duporambouate :

« Vous auriez dû m'informer tout de suite que ce bon vieux Pierre Kiroul était dans votre maison ! J'aurais sollicité un entretien avec lui ! »

Et, plantant là Yvan Duporambouate, il court obséquieusement vers l'insignifiant Kiroul, lui serre longuement la louche, lui fait ses courbettes et le supplie de bien vouloir venir manger chez lui dès qu'il en aura le loisir.

Yvan Duporambouate n'est pas au bout de ses étonnements. Deux jours plus tard, une standardiste effarée entre en trombe dans son bureau et dit :

« Monsieur le directeur, il y a le secrétaire particulier du président Reagan qui téléphone de la Maison-Blanche ! Que dois-je faire ?

— Passez-le-moi tout de suite, bien sûr !

— C'est que... heu... ce n'est pas à vous qu'il veut parler !

— Comment, pas à moi ? Alors à qui ?

— A Pierre Kiroul. Il prétend que c'est strictement personnel, et il ajoute que c'est extrêmement urgent, parce qu'il veut demander un important conseil à Pierre Kiroul avant de rencontrer, demain matin, quelqu'un que celui-ci connaît bien, en l'occurrence le secrétaire particulier de M. Gorbatchev ! »

Cette fois, Yvan Duporambouate en reste baba. Ce Pierre Kiroul est décidément un drôle de coco ! Pour en avoir le cœur net, il le convoque dans son bureau.

Kiroul arrive, plus insignifiant que jamais, rougissant et bafouillant, vraiment minable.

« Alors comme ça, demande insidieusement Yvan Duporambouate, vous connaissez personnellement le ministre ?

— Oh ! J'en connais même plusieurs ! fait Pierre Kiroul en rougissant de plus belle.

— Et vous connaissez le secrétaire de Reagan et celui de Gorbatchev ?

— Bien sûr, monsieur, puisqu'ils ne quittent jamais leurs patrons respectifs et que ceux-ci sont d'intimes amis à moi...

— Mais vous connaissez donc tout le monde ?

— Oh ! non, monsieur, non ! J'ai juste quelques modestes petites relations... »

De plus en plus troublé, Yvan Duporambouate tente de se réfugier dans l'ironie et demande :

« Et le pape ? Vous allez peut-être me dire que vous le connaissez aussi, celui-là ?

— Je le connais, certes, déclare Pierre Kiroul en regardant timidement la pointe de ses chaussures, mais pas très bien... Nous nous voyons seulement de loin en loin... »

Là, Yvan Duporambouate frise l'apoplexie.

« Ecoutez, fait-il à Kiroul, je veux savoir si c'est moi qui suis en train de devenir fou, si c'est vous qui êtes un drôle de coco ou si c'est le monde entier qui est détraqué ! Puisque vous prétendez connaître le pape, nous allons prendre mon avion privé et aller à Rome : je verrai bien si vous mentez !

— Comme vous voudrez, monsieur ! balbutie Pierre Kiroul. Je suis votre humble employé et, donc, à vos ordres... »

Dès le lendemain, tous deux sont à Rome. Yvan Duporambouate hèle un taxi et file droit à la cité du Vatican avec, assis près de lui, Pierre Kiroul qui tente modestement de se faire oublier et ne dit mot.

Dès que le taxi arrive au Vatican, Yvan Duporambouate entraîne le malheureux Kiroul sur la place Saint-Pierre et dit à un garde pontifical :

« Cet individu prétend connaître le pape, et...

— Mais c'est cet excellent monsieur Kiroul ! s'exclame le garde pontifical en l'interrompant. Si vous voulez bien me suivre, cher monsieur Kiroul, je suis certain que Sa Sainteté sera positivement flattée de cette visite imprévue !... »

Et Kiroul suit le garde pontifical, laissant Yvan Duporambouate fort décontenancé.

Trente secondes après, une formidable ovation s'élève parmi les milliers de fidèles qui sont rassemblés sur la place Saint-Pierre. Le pape vient d'apparaître à son balcon...

Et, aux côtés du pape, Yvan Duporambouate reconnaît l'humble Kiroul qui, tout embarrassé, subit gauchement les embrassades répétées que lui prodigue démonstrativement Jean-Paul II.

« Ben ça alors ! bredouille Yvan Duporambouate. J'en crois à peine mes yeux !

— Oui, c'est incroyable, n'est-ce pas ? fait alors, près de lui, un des innombrables fidèles qui sont en train de hurler des acclamations. Tout le monde, ici, se demande également qui est ce mec en soutane blanche qui ose apparaître sur le balcon près de Pierre Kiroul ! »

*
**

Un très jeune garçonnet entre dans une pharmacie.

« Que veux-tu, mon petit ? demande la potarde.

— Un paquet de Tampax, s'il vous plaît, madame.
— Voilà, mon petit. C'est pour ta maman ?
— Non, madame.
— Pour ta grande sœur ?
— Non, madame.
— C'est pour qui, alors ?
— Pour moi, madame.
— Pour toi ?
— Oui. J'ai très envie de faire de la natation, de l'équitation, du tennis et de la danse classique, et j'ai vu une publicité à la télé ousqu'on disait que c'était vachement facile de faire tout ça en portant des Tampax ! »

« Pardon, monsieur, vous descendez ?
— Jamais entre les stations.
— Ah ! C'est malin !
— Non, c'est prudent. »

« Salut !
— Salut !
— Ça va ?
— Ça va.
— Et ta femme, ça va ?
— Ma femme, ça va.
— Ton fils, ça va ?
— Mon fils, ça va.
— Ta fille, ça va ?
— Ma fille, ça va.
— Ton cheval, ça va ?
— Ah ! Mon cheval, non, ça va pas.

— Pauv' bête ! Qu'est-ce qu'il a ?
— La myxomatose. »

Pendant la récré, sous le préau de l'école, deux garnements parlent des femmes.

« A ton avis, fait l'un, elles ont la fente d'entre les cuisses à l'horizontale, ou elles l'ont à la verticale ?

— A la verticale ! répond l'autre avec assurance
— T'en es sûr ?
— Ouais.
— Et pourquoi t'en es sûr ?
— Parce que quand ma frangine se laisse glisser à poil sur la rampe d'escalier, ça ne fait pas " Beleb-beleb ! Beleb-beleb ! " pardi ! »

Un Parisien se promène du côté de Bastia. Dans un petit village, il voit un indigène qui, allongé sous un taureau pour être à l'ombre, fait peinardement la sieste.

« Excusez-moi de vous déranger, fait le Parisien en s'approchant, mais pourriez-vous me donner l'heure ? »

Le Corse ouvre un œil, tend une main, saisit les testicules du taureau, les soulève légèrement, les laisse retomber et dit :

« Il est dix-sept heures dix. »

Et il se rendort.

Sidéré, le Parisien observe sous tous les angles les parties génitales du bovin, se demandant comment le Corse s'y est pris pour connaître l'heure en les soupesant.

Décidé à comprendre, il réveille de nouveau le Corse et lui redemande l'heure. Même manège. Le Corse ouvre un œil, tend une main, soulève légèrement les testicules du taureau, les laisse retomber et dit :

« Il est dix-sept heures onze. »

Le Parisien pige de moins en moins. Il tourne sans fin autour du taureau, vient quasiment lui ausculter les organes reproducteurs, doit finalement renoncer à trouver seul la clé du mystère.

Il réveille donc le Corse pour la troisième fois. Mais, lassé d'être constamment interrompu dans sa sieste, l'indigène lui fait :

« Dites donc, mon vieux, vous êtes bien gentil, mais vous ne pourriez pas regarder vous-même le cadran de l'horloge, là, sur le clocher de l'église ? Moi, pour le voir d'où je suis, il faut que je déplace légèrement les couilles du taureau. Ça me fatigue, à la longue ! »

Un poivrot, au volant d'une voiture, prend un sens interdit. Un agent l'arrête et vient l'engueuler :

« Alors, vous n'avez pas vu les flèches ?

— Ben non ! fait le pochard. J'ai même pas vu les Indiens ! »

Un couple se dispute.

« J'en ai assez ! gémit le mari. Je vais me noyer ! »

Il sort de la pièce. Et, quelques secondes plus tard, un coup de feu se fait entendre dans la chambre voisine.

Affolée, la femme va jeter un coup d'œil par la porte de communication.

« Zut, fait-elle. Il s'est pendu ! »

Un gars se présente tout nu à l'entrée d'un bal costumé.

« Monsieur ! Monsieur ! glapit le portier en le retenant. Vous ne pouvez pas entrer ainsi !

— Pourquoi ? fait le nudiste. Mon déguisement ne vous convient pas ?

— Votre déguisement ? Vous vous foutez de moi ! Vous n'êtes pas déguisé !

— Mais si ! Je suis déguisé en phare. »

Et l'hurluberlu se met à tourner sur lui-même en disant :

« Un coup tu le vois, un coup tu le vois plus... Un coup tu le vois, un coup tu le vois plus... »

Dix minutes plus tard, à l'entrée du même bal costumé que celui dont il était question dans la précédente histoire, un autre homme se présente, également tout nu. Mais il est peint en rouge de la tête aux pieds. Et, dans la main, il tient un bol de mayonnaise avec une cuillère plantée dedans.

« Nom d'une pipe ! rugit le portier. Vous n'allez quand même pas prétendre, vous aussi, que vous êtes déguisé en phare ?

— En phare ? s'étonne le gars. Pas du tout ! Vous devriez voir que je porte pourtant un déguisement bien précis...

— Tiens donc ! ricane le portier. Puis-je savoir en quoi vous êtes travesti ? »

Alors, le gars prend une cuillerée de mayonnaise, la met dans sa bouche, s'appuie sur les deux joues avec les doigts et crache violemment la mayonnaise sur la face du portier.

« Et voilà ! fait-il. Maintenant, vous avez pigé : je suis déguisé en furoncle ! »

« Docteur, j'ai peur que mon mari me trouve trop grosse.

— Qu'est-ce qui vous fait dire ça, chère madame ?

— Il me traite sans cesse de patate.

— Quel rustre ! Mais, si ça peut vous rassurer, je vais vous examiner. Epluchez-vous, je vous prie... »

*
**

« La première fois que ma femme m'a servi sa cuisine, j'ai d'abord cru qu'elle avait préparé un plat de merde. Ensuite, avant goûté, j'ai regretté que ça n'en soit pas... »

*
**

Deux vieux copains se retrouvent.

« Que deviens-tu ? demande l'un.

— Je vais me marier, répond l'autre.

— Félicitations. Avec une femme ?

— Bien sûr ! T'as déjà vu quelqu'un se marier avec un homme, toi ?

— Oui : ma sœur ! »

*
**

Un homme fait des confidences à son médecin.

« Docteur, je suis épouvantablement ennuyé. Voilà : chaque nuit, je rêve qu'un petit bonhomme vert entre dans ma chambre. Il s'approche de mon lit et me dit : “ Fais ton petit pipi ! ” Et, comme il a une voix extraordinairement persuasive, je ne peux pas lui résister. Je fais immédiatement un petit pipi. Ça ne peut plus durer, vous comprenez, car ma femme en a assez que je lui urine toutes les nuits contre les cuisses...

— Ce n'est pas grave, affirme le toubib. Il suffit de vous autosuggestionner. Répétez-vous en vous endormant : “ Je ne ferai pas pipi ! Je ne ferai pas pipi ! Je ne ferai pas pipi ! ” Et vous verrez que le petit bonhomme vert n'osera même plus vous demander de pisser... »

Le soir même, en se couchant, le gars se répète : « Je ne ferai pas pipi... Je ne ferai pas pipi... »

Mais, au milieu de la nuit, la porte s'ouvre doucement et le petit bonhomme vert entre dans la chambre, s'approche du lit et dit à l'homme :

« Fais ton gros caca !... »

Un type marche dans la forêt vierge en portant un étui à violon. Il s'arrête dans une clairière, ouvre l'étui, sort le violon et se met à jouer.

Il joue bien.

Très bien, même.

Et, au bout de quelques minutes, des animaux, charmés par sa mélodieuse musique, surgissent de partout et viennent l'écouter.

Bientôt, la clairière est pleine de lions, de biches, de fourmis rouges, d'anacondas et de petits lapins qui, fraternellement, s'assoient les uns près des autres pour s'enivrer des sublimes sonorités du violon.

Arrive alors un vieux et gros crocodile, qui va droit vers le musicien et le croque d'un seul coup de mâchoires.

Les autres animaux se récrient :

« Il est fou ! hurle un lapin.

— C'est un assassin insensible aux sons suaves ! fait un léopard.

— Que fait la police ? se plaint un zébu.

— C'est vrai, mon vieux ! lance alors un lion furibard au vieux crocodile. Pourquoi as-tu bouffé ce gars dont la musique nous enchantait ? »

Mais le crocodile met sa patte en cornet autour de son oreille et, se penchant vers le lion, dit :

« Quoi ? »

⁂

Qu'y a-t-il de plus dégoûtant qu'un lèche-cul ?
Un suspect !

⁂

Un homme se promène dans un bois, du côté de Fontainebleau. Soudain, il lui semble entendre des bruits sourds, lointains, qui évoquent vaguement le fracas d'une série d'explosions : *Boudoum ! Boudoum ! Boudoum !*

Intrigué, le gars se dirige dans la direction d'où semblent provenir ces bruits. Au fur et à mesure qu'il marche à travers bois, le fracas se fait plus distinct et plus assourdissant : *Boudoum ! Boudoum ! Boudoum !*

L'homme veut en avoir le cœur net. Il n'y a pas de manœuvres militaires dans le secteur, ni de dynamitage de carrières, et rien ne peut expliquer la source de ce boucan. Il continue donc de s'approcher... Mais, maintenant, le vacarme est d'une extraordinaire puissance : *Boudoum ! Boudoum ! Boudoum !*

Enfin, l'homme arrive à une clairière au milieu de laquelle est planté un arbre solitaire. A n'en pas douter, le bruit vient de là. Il a encore redoublé de puissance : *Boudoum ! Boudoum ! Boudoum !*

Et, à chaque *Boudoum !* qui retentit, le sol de la clairière vibre. Quant à l'arbre, il est secoué comme si des bombes éclataient dans son feuillage.

Cette fois, le gars a peur. Mais, n'écoutant que sa curiosité, il avance quand même vers l'arbre et entreprend d'y grimper.

Chaque fois que le bruit se fait entendre, l'arbre est si remué que l'homme doit s'agripper pour ne pas tomber. C'est vraiment devenu assourdissant : *Boudoum !* BOUDOUM ! *BOUDOUM !*

Enfin, l'homme arrive dans le feuillage. Et, sur une branche, il voit un minuscule moineau qui, dressé sur ses petites pattes, s'époumone à faire : « Boudoum ! Boudoum ! Boudoum ! »

Puis, s'adressant à l'homme stupéfait, l'oiseau grommelle : « Ben quoi, on peut plus gazouiller sans être dérangé ? »

⁂

Deux mouches sont posées sur un étron.

« Quand on y réfléchit bien, fait l'une d'elles, c'est assez dégueulasse, de se poser sur une merde...

— Ne dis pas de saletés ! se fâche l'autre. On est à table ! »

Trois petits mômes font assaut de vantardise dans une rue de Marseille.

« Moi, fait le premier, mon père est tellement grand qu'il ne peut se tenir debout dans aucune maison : il crèverait le plafond.

— Moi, dit le deuxième, mon père est beaucoup plus grand que ça. Quand il se lève, il a le nez dans les nuages.

— Dis donc, demande le troisième au précédent, quand ton père a le nez dans les nuages, ne trouve-t-il pas qu'ils sont bizarrement velus et qu'ils sentent le rance ?

— Heu... Si. Pourquoi ?

— Ce ne sont pas des nuages. Ce sont les roupettes de mon père à moi. »

Un artiste se présente au directeur d'un cirque.

« Que savez-vous faire ?

— J'imite parfaitement les oiseaux.

— Nous avons déjà plusieurs imitateurs d'oiseaux. Désolé...
— Bon, soupire le gars. Tant pis ! »
Et il s'envole par la fenêtre.

L'honorable Kichiduri Duho Dumhâ a ouvert, à Belleville, un restaurant chinois.

Il va chez l'épicier xénophobe dont la boutique jouxte son restaurant.

« Je voudrais dix boîtes de nourriture pour chats, demande-t-il.

— Pour que vous serviez ça à vos clients ? ricane l'épicier. Pas question ! Si vous voulez ces boîtes, revenez avec vos chats, que je sois bien certain qu'elles leur sont destinées ! »

Le Chinois revient avec ses chats, l'épicier lui vend les boîtes.

Le lendemain, le Chinois déclare :

« Je voudrais dix boîtes de nourriture pour chiens.

— Revenez avec vos chiens, et je vous les vendrai ! »

Le Chinois revient avec ses chiens, l'épicier lui vend les boîtes.

Le jour suivant, le Chinois entre de nouveau chez l'épicier et lui tend un récipient plein d'une mixture brunâtre.

« Ça ne sent pas très bon, constate l'épicier. Moi, la cuisine chinoise, j'aime de toute façon pas beaucoup ça... »

Mais, par curiosité, il trempe une cuillère dans la mixture et la porte à sa bouche pour goûter.

« Beurck ! s'écrie-t-il en recrachant. Mais... c'est de la merde !

— C'en est, confirme le Chinois. J'ai préféré vous en apporter avant que vous m'en demandiez, parce que j'aurais besoin de dix rouleaux de papier hygiénique... »

⁂

Un type sort très saoul d'un bar et, sur le trottoir, voit un crocodile qui lui dit :

« Ivrogne ! »

Le type hausse les épaules et s'en va. Mais, derrière lui, il entend une voix qui fait :

« Ivrogne ! »

Il se retourne et constate que c'est le crocodile qui le suit.

Quelques mètres plus loin, le crocodile crie de nouveau :

« Ivrogne ! »

Le pochard, irrité, s'arrête et s'adresse à la bestiole :

« Ecoute, crocodile ! Je n'admets pas que tu me traites d'ivrogne ! Je te préviens que si tu recommences, je te retourne comme une vieille chaussette. »

Mais, dès qu'il s'est éloigné de quelques pas, le crocodile, qui continue de le suivre, crie d'une voix moqueuse :

« Ivrogne !

— Tant pis pour toi, dit le type. Je t'avais prévenu ! »

Et, saisissant le crocodile, il le retourne comme une vieille chaussette. Puis, satisfait, il repart. Mais, derrière lui, il entend la voix du crocodile qui lui lance :

« Engorvi ! »

Un anus se promène à la campagne. Au détour d'un sentier, il se trouve nez à nez (si l'on ose dire !) avec le Sida. Il s'enfuit, épouvanté, le Sida à ses trousses. Une bonne fée, voyant cela, a pitié du pauvre petit anus et, d'un coup de baguette magique, le transforme en rossignol.

« Où est passé l'anus que je poursuivais ? rugit le Sida en surgissant l'instant d'après.

— Je n'en sais rien du tout, monsieur le Sida. Moi, je ne suis qu'un inoffensif rossignol...

— Un rossignol ? fait le Sida dubitatif. Prouve-le : fais-moi entendre ton chant si mélodieux.

— Prooooout ! »

⁂

En Provence, un routier tombe en panne sur la route du littoral et fait signe à un collègue de stopper.

« Pouvez-vous me rendre un service ? demande-t-il. J'ai douze pingouins qu'il faut très vite emmener au zoo de Nice. Si vous pouviez vous en charger pendant que je répare, ce serait sympa. »

L'autre routier accepte et fait grimper les douze pingouins dans son bahut.

Quand il est parti, le premier routier répare son propre véhicule et, deux heures plus tard, peut enfin reprendre la route à son tour.

Mais, quelques kilomètres avant Nice, en longeant la mer, il croise le camion de son obligeant collègue et voit, dans la cabine, les douze pingouins qui, équipés de lunettes de soleil, se prélassent sur la banquette...

Il fait aussitôt demi-tour, rattrape l'autre camion et le fait s'arrêter.

« Qu'est-ce qui se passe ? demande-t-il, inquiet, au second routier. Je vous avais demandé de conduire ces douze pingouins au zoo de Nice...

— Ça y est, répond le gars, on y est déjà allé. Maintenant, je les emmène à la plage ! »

Un homme se présente chez un ophtalmologiste.

« De quoi souffrez-vous ? s'enquiert l'ophtalmo.

— Permettez-moi de vous montrer... »

L'homme baisse pantalon et slip, s'accroupit sur le tapis et force, force, force, jusqu'à ce que défécation s'ensuive.

« Mon beau tapis ! s'indigne l'ophtalmo. Vous êtes dégueulasse ! Et puis, de toute façon, ce n'est pas d'un ophtalmo dont vous avez besoin, c'est d'un gastro-entérologue !

— Pas du tout ! répond le patient. C'est bel et bien chez vous qu'il fallait que je vienne : n'avez-vous pas remarqué que, lorsque je force ainsi, j'ai deux grosses larmes au coin des paupières ? »

Un fakir fait un tabac grâce à l'aisance avec laquelle il est capable d'hypnotiser toute une salle.

Aussi, ce soir-là, y a-t-il foule pour l'applaudir.

Le fakir fait face au public. Il trace dans l'espace de mystérieux signes pour suggestionner les spectateurs puis, d'une voix sépulcrale, il ordonne :

« Rire ! »

Instantanément, tous les spectateurs hurlent de rire.

« Larme ! »

Instantanément, tous les spectateurs se mettent à pleurer d'abondance.

Le fakir, à cet instant, trébuche et crie :

« Merde ! »

Petite annonce parue dans « L'Agriculteur républicain de Troufignac-sur-Dourbie » :

Fermier célibataire, 46 ans, aimerait rencontrer femme, âge indifférent, possédant tracteur. Envoyer photo tracteur.

* * *

« Garçon ! Vous avez des cuisses de grenouilles ?

— Non, madame, c'est mon pantalon qui a une drôle de forme. »

« Pendant près de trente ans, ma femme et moi avons été merveilleusement heureux.

— Et ensuite ?

— Nous nous sommes rencontrés. »

Un autobus, où ont pris place cinquante enfants, dévale à toute allure une descente. Un homme court derrière.

« Pas la peine de courir ! se moque un passant. Jamais vous ne le rattraperez, il va bien trop vite !

— Ne parlez pas de malheur ! fait l'homme sans s'arrêter de galoper. C'est moi le chauffeur... »

Un morpion, qui attend dans une file à l'entrée d'un cinéma classé X, voit un autre morpion qui le dépasse.

« Eh, vous ! lui crie-t-il. A la queue, comme les copains ! »

Une sage-femme, qui a pris sa retraite depuis longtemps, rencontre un quadragénaire qu'elle a aidé à venir au monde.

« Vous étiez le plus adorable des bébés, se souvient-elle, émue. Je revois encore vos mignonnes petites fesses roses...

— Oh ! Vous savez, en plus de cinquante ans, l'endroit a pas mal changé ! »

Dans le désert, une autruche mâle poursuit une autruche femelle qui n'a pas du tout envie de se laisser conter fleurette.

Voyant qu'il la talonne et qu'il est prêt à la violer, la femelle stoppe net et, pour se dérober à son regard, s'enfouit la tête dans le sable.

« Zut ! peste le mâle en s'arrêtant et en regardant partout autour de lui. Où a-t-elle bien pu se cacher, la garce ? »

« Quelle heure est-il ?

— Trois francs cinquante.

— Ciel ! C'est là que je descends ! »

« Mon mari est depuis trois mois dans le coma...

— Depuis trois mois ? Il faut croire qu'il s'y plaît ! »

HISTOIRES MÉCHANTES

« Madame, prévient le médecin, il faut être courageuse. Après le terrible accident qu'a eu votre mari, nous avons été dans l'obligation de lui amputer les deux jambes... »

L'épouse se précipite dans la chambre où l'on soigne son mari... et le trouve avec un énorme pansement autour de la tête !

« Mais, dit-elle, je croyais qu'on t'avait coupé les jambes ?

— C'est exact ! geint le mari. Mais on a oublié de me le signaler... Alors, en me réveillant, j'ai voulu aller pisser et je me suis cassé la figure ! »

Pourquoi les turluteuses spécialisées dans la clientèle nécrophile mettent-elles du rouge à lèvres noir ?

Pour faire des pompes funèbres.

Qu'est-ce qu'un excentrique ?

C'est un eunuque d'origine africaine.

⁂

Comment les Gabonais jouent-ils à la roulette russe sans avoir recours à une arme à feu ?

Ils alignent six tailleuses de pipes. L'une est cannibale...

⁂

En sortant de chez lui, un matin, un Ethiopien trouve un grain de riz sur le palier.

« Zut ! s'écrie-t-il avec une grimace de dégoût. Le voisin a encore passé la nuit à dégobiller devant ma porte ! »

⁂

Bamboula Ier, roi de la tribu des papous Yeurs, est furieux : sa femme vient d'accoucher d'un marmot blanc comme neige. Il va trouver le sorcier pour chercher, avec lui, l'explication de cet étrange phénomène.

« Quand t'as fait zoup'là-zoup'là avec ta femme, interroge le sorcier, tu lui as bien mis ton gros paf dans la zizoune ?

— Oui, oui !

— Et quand tu l'as embrassée tout en lui faisant zoup'là-zoup'là, tu lui as bien enfoncé ta grosse langue au fond du gosier ?

— Oui, oui !

— Et pendant que tu lui faisais zoup'là-zoup'là et que tu l'embrassais, est-ce que tu lui tripotais les fesses ?

— Oui, oui !

— Et en lui tripotant les fesses, est-ce que tu lui as fourré un doigt dans le trou du derrière ?

— Ah ! ça, non. Je n'y ai pas pensé...

— Alors, grand roi, cherche pas plus loin : c'est par là que la lumière est entrée ! »

⁂

En passant dans une ruelle, la nuit, dans un quartier louche, un homme entend des gémissements sourds qui semblent venir du caniveau. S'arrêtant, il découvre un type qui git, baignant dans son sang, les yeux pochés, les lèvres éclatées, le crâne fendu, le nez en compote.

« Mon pauvre vieux ! fait le passant. Qui vous a mis dans cet état lamentable ?

— Des voyous, qui m'ont dévalisé puis qui se sont acharnés sur moi... Je crois que j'ai plusieurs côtes cassées...

— Je ne peux pas vous laisser comme ça, j'appelle une ambulance tout de suite.

— Non, non, je vous en prie ! Pas d'ambulance, ou alors, au moins, attendez un peu !

— Alors, un docteur...

— Non, non, s'il vous plaît ! Pas de docteur !

— Mais enfin, vous ne pouvez pas rester ainsi...

— Mais si ! mais si ! Je suis très bien, je vous assure !

— Ma parole, vous êtes dingue ! A vous voir ainsi arrangé, on dirait que vous sortez de Buchenwald ! »

Alors, dans son caniveau, le gars amoché a un sourire extatique et, d'une voix rêveuse, murmure :

« Aaaaah ! Buchenwald !... »

⁂

Un Noir dialogue avec Dieu.

« Dis-moi, bon Dieu, pourquoi m'as-tu fait tout noir ?

— Pour que le soleil de l'Afrique ne te brûle pas, mon fils.

— Dis-moi, bon Dieu, pourquoi m'as-tu donné de longues jambes capables d'aller très vite ?

— Pour que tu puisses te déplacer sans difficulté dans les hautes herbes de la savane, mon fils.

— Alors, bon Dieu, pourquoi m'as-tu fait naître au Texas ? »

⁂

Un papa fait faire une promenade en pleine campagne à son jeune fils, âgé de quatre ans. Le gosse gambade joyeusement à quelques mètres de lui, quand tout à coup... patratas ! il s'approche trop près d'un immense précipice au fond duquel il dégringole.

Le père arrive en ronchonnant, s'agenouille, se penche sur le précipice et s'exclame :

« Espèce de morveux ! Je t'ai pourtant déjà dit cent fois de faire attention où tu marches ! Tu mériterais que je te laisse là, pour te donner une bonne leçon ! Mais je suis gentil, je vais quand même t'aider à remonter. Tiens, attrape la corde que je te lance...

— J' peux pas, pleurniche le gosse ensanglanté. J'ai les deux bras cassés.

— Les deux bras cassés ? fulmine le père. Sale voyou ! Le plâtrage va me coûter les yeux de la tête ! Attrape la corde avec tes pieds, abruti !

— J' peux pas ! J'ai les deux jambes qui sont cassées aussi.

— Ah ! bravo ! Tu vas voir la râclée que tu vas prendre, quand je t'aurai remonté ! Attrape la corde avec les dents, bougre d'imbécile ! »

Le gosse rampe péniblement vers la corde. Et, au prix de mille souffrances, sous les insultes que son père ne cesse de lui crier, il parvient enfin à serrer la corde entre ses dents.

Le père tire sur la corde et commence à le remonter. Le bambin n'est plus qu'à cinq mètres du bord... à deux mètres... à un mètre... à cinquante centimètres... Le père s'interrompt alors et maugrée en se penchant :

« Qu'est-ce qu'on dit à papa ? »
Et l'enfant répond :
« Merciiiiiiiiiiiiiiiiii... »

Un petit garçon, dont le papa est un peu sévère (mais juste), ramène en tremblant son carnet de notes de l'école.

« Tu n'as pas oublié ce que je t'ai dit la semaine dernière ? marmonne le père.

— Non, p'pa ! répond le mioche terrorisé.

— Je t'ai dit que si tu n'avais pas 10 sur 10 dans toutes les matières, absolument toutes, je te mettrai une telle trempe que tu en crèveras, petit cancre !

— Oui, p'pa !

— Voyons ces notes... Mathématiques : 10 sur 10, ça va. Sciences naturelles : 10 sur 10, ça va. Histoire et géographie : 10 sur 10, ça va. Orthographe : 10 sur 10, ça va. Récitation : 10 sur 10, ça va. Lecture... que vois-je ? Lecture : 9,50 sur 10 ! Voyou ! Paresseux ! Fils indigne ! Graine de blouson noir !

— Pitié, p'pa !

— Pas de pitié pour les petits misérables qui ont de mauvais résultats scolaires ! Allons, passe-moi le tisonnier, que je te corrige comme je te l'avais promis ! »

Et, ainsi qu'il l'avait dit, le père administre à son fils une telle dérouillée que le malheureux enfant en reste sur le carreau, mourant.

« Tu n'as eu que ce que tu méritais, ricane le père. N'avoir que 9,50 sur 10 en lecture ! Quelle honte !

— Tu sais, p'pa, balbutie alors le bambin dans un dernier gargouillis, tu sais, c'est vraiment très difficile de lire du braille avec un crochet de fer ! »

⁂

Au gibet de Montfaucon, où l'on pendait jadis les criminels, un bourreau a fait une faute professionnelle et a été mis à pied pour huit jours. Peu de temps après, un de ses collègues le surprend qui va de pendu en pendu pour leur tailler des bouffardes.

« Qu'est-ce qui t'épate ? fait le bourreau mis à pied à son collègue. Tu ne sais donc pas que, pendant huit jours, je suis suce-pendu ? »

⁂

Une jeune femme vient d'accoucher de son premier enfant et, bien sûr, il lui tarde de le voir. Une infirmière arrive enfin, portant le bébé.

Mais, au lieu de le donner à la mère qui tend déjà béatement les bras, elle le laisse tomber sur le carrelage, la tête la première, puis elle lui shoote dans le ventre, le ramasse par une oreille, lui casse un bras, lui dévisse la tête, lui arrache une jambe et lui crève un œil.

La mère, évidemment, hurle d'horreur. Mais l'infirmière éclate de rire et fait :

« Poisson d'avril ! Il était déjà mort en naissant ! »

Un gars, dans le hall d'une clinique d'accouchement, attend impatiemment qu'on lui montre l'enfant que sa femme a mis au monde. Une infirmière le lui apporte, mais elle affiche un air consterné et cache le bébé sous une couverture.

« Je dois vous prévenir, dit-elle, qu'il n'est pas tout à fait comme les autres bébés...

— Ciel ! gémit le père. A-t-il bien, au moins, deux bras et deux jambes ?

— Hélas ! Non...

— Son petit corps est-il normalement proportionné ?

— Hélas ! Non...

— A-t-il, pourtant, un mignon visage ?

— Hélas ! Non...

— Je veux le voir ! Quelles que soient ses infirmités, je sens que je l'aime déjà ! »

L'infirmière écarte la couverture et montre le bébé : c'est une simple oreille, rien qu'une oreille, une très grande oreille toute rouge et toute plissée.

« Mon pauvre petiot ! murmure le père en prenant l'oreille dans ses bras. Ne crains rien, va ! Même si tu n'es rien d'autre qu'une oreille, je tâcherai d'être pour toi le meilleur des papas...

— C'est inutile de lui parler, dit alors l'infirmière. Il est complètement sourd ! »

Un cul-de-jatte entre dans un salon de coiffure.

« Je vous raccourcis les pattes ? demande le merlan.

— Vous voulez que je vous botte le cul ? se fâche le cul-de-jatte.

— Bah ! Je voulais juste vous faire marcher !

— Puisque c'est ça, je ne remettrai plus les pieds chez vous ! »

« Alors, mon petit, est-ce que ton papa est gentil avec toi ?

— Oh ! oui. Tous les jours, il m'emmène faire de la natation.

— C'est très bien, ça.

— Il me conduit en barque jusqu'au milieu du lac, et puis, là, il me pousse dans l'eau glacée et il faut que je regagne la rive à la nage, en évitant les coups de rame sur la tête.

— Et ce n'est pas trop éprouvant ?
— Non, ça va. Le plus dur, c'est d'ouvrir le sac et d'en sortir... »

« Toto, petit garnement ! Je t'ai déjà dit de ne pas mettre les doigts dans les yeux de ta grand-mère !
— Qu'est-ce que ça peut faire, puisqu'elle est morte ? »

Dans le Gabon profond, un chef de tribu s'est abonné à *Lui*. Dès que le facteur lui livre un nouveau numéro, il arrache les pages où il y a des filles nues, et il les dévore à belles dents.
« Moi, lui dit toujours sa femme, tu m'en feras jamais manger : j'ai horreur de la bidoche lyophilisée ! »

Retour de safari en Afrique noire.
« Qu'as-tu abattu ? demande Mme Dujenou à son époux.
— Deux lions, un zèbre et une demi-douzaine de panous.
— Des panous ? Je ne connais pas ces animaux...
— Mais si, tu sais bien... Ils sont tout noirs, ils ont des arcs et des flèches, et ils crient : " Pas nous ! Pas nous ! " en se sauvant quand on les vise... »

« Au fait, savez-vous ce qu'est devenu le docteur Machin-Chose, que nous avions connu naguère à l'hôpital de Poitiers ?
— Il paraît qu'il s'est tourné vers le spiritisme.

— Pas étonnant. Il a toujours adoré bavarder avec ses patients ! »

*
**

« Toto, sale gosse ! Si tu n'arrêtes pas immédiatement de tourner sur toi-même, je te cloue aussi l'autre pied ! »

*
**

Un cannibale et son fils baguenaudent dans la forêt et, au détour d'un baobab, trouvent une jeune et jolie exploratrice égarée.

« On la ramène à la maison pour la bouffer ? demande le fils.

— On la ramène à la maison, répond le père, et on bouffe ta mère ! »

*
**

Le château de Prout-Machère est en feu. Mais, grâce à la présence d'esprit de la jeune châtelaine, on a pu évacuer à temps les meubles, les bijoux et les tableaux de maîtres.

« Je crains qu'il soit impossible de sauver le château proprement dit ! prévient le capitaine des pompiers.

— Tant pis, fait la châtelaine. Nous en ferons construire un autre.

— Ce qui m'intrigue, chère madame, c'est la forte odeur de caramel qui se dégage des décombres...

— Merde ! s'écrie la châtelaine. J'ai complètement oublié de faire sortir la grand-mère diabétique de mon mari ! »

*
**

Pourquoi Noah monte-t-il rarement au filet ?
Parce que ça lui rappelle désagréablement sa capture.
Et pourquoi tombe-t-il si souvent par terre ?
Parce qu'il est à la recherche de ses racines.

⁂

Un petit Ethiopien a entendu dire que la France était un pays de Cocagne où tout le monde mangeait à sa faim. Un jour, n'y tenant plus, il se jette dans la mer Rouge, remonte à la nage le canal de Suez, longe la Méditerranée et, épuisé, s'échoue sur une plage de la Côte d'Azur parmi les jeunes pensionnaires d'une colonie de vacances.

« Qui n'a pas encore mangé ? demande à cet instant le moniteur.

— Moi, missié ! Moi ! crie le petit Ethiopien.

— C'est bien, lui dit le moniteur. Tu peux retourner nager ! »

Deux sportifs émérites et virils font équipe dans le Paris-Dakar. Quelque part dans le Ténéré, le pilote a une subite envie de se soulager la vessie. Il s'arrête, descend de voiture, va se planquer derrière une dune, sort son engin et commence à pisser. Malheureusement pour lui, le jet d'urine dérange une vipère du désert enfouie dans le sable. Le reptile se dresse tout à coup et, avant qu'il ait pu esquisser un geste, lui mord cruellement le gland.

Quand le gars regagne la voiture, il a déjà la verge toute violacée et il souffre atrocement. Son navigateur, sans perdre une seconde, contacte par radio le médecin du rallye et lui explique ce qui est arrivé.

« Il n'y a qu'une solution si vous tenez à le sauver, lui affirme le docteur : prendre en bouche l'organe piqué par la vipère, et le sucer vigoureusement pour faire sortir le venin...

— Qu'est-ce que le docteur a dit ? demande le pilote qui souffre de plus en plus abominablement.

— Il a dit que tu allais crever comme un chien ! »

« Bonjour, monsieur le pharmacien. Je voudrais un grand flacon d'arsenic.

— Mais, cher monsieur, je ne peux pas vendre de l'arsenic comme ça ! D'abord, c'est pour quel usage ?

— C'est destiné à ma femme.

— Avez-vous une ordonnance ?

— Non, mais j'ai sa photo ! »

« Allô, docteur ? Notre bébé vient d'avaler l'ouvre-boîte !

— C'est pas grave ! Vous n'avez qu'à manger des légumes frais ! »

Un journaliste interroge Ray Charles :

« Etre né aveugle, ça ne vous gêne pas ?

— Non, ça pourrait être pire : songez que je pourrais être nègre ! »

Un aveugle marche dans la rue. En passant devant une poissonnerie, il s'écrie :

« Hello, les filles ! »

*
**

Quand un Ethiopien découvre un grain de riz, il nourrit sa famille et ses principaux amis. Mais que fait-il quand il découvre deux grains de riz ?

Il ouvre un supermarché.

*
**

Deux vieux copains se revoient par hasard. L'un est vêtu comme un clochard. L'autre semble rouler sur l'or.

« Mon pauvre vieux ! fait celui qui est devenu riche. Comment en es-tu arrivé là, toi que j'ai connu en 1939 à la tête d'une immense fortune ?

— La guerre m'a ruiné ! Mais... dis-moi, toi que j'ai connu en 1939 au bord de la mendicité, comment t'es-tu débrouillé pour pouvoir t'acheter la Rolls dans laquelle je t'ai vu arriver ?

— Oh ! Je n'ai pas que cette voiture-ci. J'ai également une Ferrari, une Porsche et une Cadillac. J'ai aussi un énorme compte en banque, une collection de pierres précieuses, deux ravissantes maîtresses que j'entretiens dispendieusement, et un magnifique château en Normandie.

— Bon sang ! Mais comment as-tu fait ?

— La guerre a assuré ma fortune.

— Comment cela ?

— Eh bien ! Te souviens-tu de l'affreuse bicoque que j'habitais en lointaine banlieue, avant la guerre ?

— Oui...

— Te souviens-tu de son insondable cave humide et glaciale ?

— Oui...

— J'y ai caché plein de Juifs.

— Et alors ?

— Et alors, ils y sont toujours : je ne leur ai jamais dit que la guerre était finie ! »

*
**

A la table de Bokassa, est-il convenable de manger les frites avec les doigts ?

Non : il est recommandé de manger les doigts à part.

*
**

Combien faut-il d'Ethiopiens adultes pour peindre en rouge un mur de 10 mètres carrés ?

Un seul. Mais il faut le lancer très fort.

*
**

Comment peut-on obliger un intégriste musulman à se convertir à la religion protestante ?

Il suffit de le sodomiser à sec pendant qu'il fait sa prière, le cul en l'air, face à la Mecque. En bon musulman, il n'est évidemment pas content. Alors, il se retourne en protestant...

*
**

« Papa ! Papa ! Devine ce que j'ai attrapé à la main, aujourd'hui, en me baignant dans la rivière !

— Je ne sais pas... Un petit poisson ?

— Non !

— Un bois flottant ?

— Non !

— Une grenouille ?

— Non !

— Une algue ?

— Non !
— Je ne vois pas... Je donne ma langue au chat.
— La poliomyélite ! »

Le comte Dracula entre dans un bistrot pour vampires.
« Et pour monsieur le comte, fait le serveur, est-ce que ce sera une pinte de bon sang, comme d'habitude ?
— Non, répond Dracula, je me sens patraque, aujourd'hui. Donnez-moi plutôt un tampon hygiénique. En infusion. »

Deux lesbiennes vampires se séparent sur le seuil d'un hôtel.
« On se revoit bientôt ?
— Oui. Dans vingt-huit jours. »

Un type sort d'un cabinet médical, où il vient d'apprendre qu'il n'a plus que quelques heures à vivre.
Un corbillard passe dans la rue à cet instant. Le type le hèle :
« Hep ! Taxi !... »

Un petit garçon arrive en pleurant près de son père.
« Papa ! Papa ! Grand-mère a été très méchante avec moi. Elle m'a mordu !
— C'est bien fait ! grogne le père. T'avais qu'à pas t'approcher de la cage ! »

⁂

Madame éternue.

« A tes souhaits ! » dit machinalement monsieur.

Et il tombe raide mort.

Marie-Charlotte Dupont de l'Alma présente son fiancé à monsieur son père : c'est un colossal Africain. Le papa Dupont de l'Alma est très embêté. Il n'est pas raciste, mais tout de même, de là à donner sa fille à un Noir !... Aussi, ruse-t-il.

« Ecoutez, dit-il à l'Africain, je veux bien que vous épousiez ma fille, mais il faut d'abord que votre compte en banque soit crédité de deux cent cinquante millions de francs. »

Le Noir ne dit rien et s'en va. Il travaille comme une brute, gagne plein d'argent et, au bout de six mois, revient voir M. Dupont de l'Alma en lui montrant son dernier relevé bancaire, crédité de deux cent cinquante millions de francs.

« Quand on dit à Doudou : " Sois riche ! ", Doudou devient riche ! rigole l'Africain.

— Bon, fait le père de plus en plus embêté, c'est très bien, mais... je ne veux donner Marie-Charlotte qu'à un homme célèbre dans le monde entier. »

Le Noir ne dit rien et s'en va. Il devient champion du monde de boxe, star de cinéma à Hollywood et président de la République dans son pays d'origine. Quand il revient au bout de six nouveaux mois voir M. Dupont de l'Alma, son nom est à la première page des journaux du monde entier.

« Quand on dit à Doudou : " Sois célèbre ! ", Doudou devient célèbre ! rigole-t-il.

— Parfait ! déclare le père plus embêté que jamais. Heu... Je ne vois plus qu'une ultime formalité : je veux que le mari de ma fille ait un sexe long de soixante-quinze centimètres au repos. »

Le Noir ne dit rien et s'en va. Le lendemain, il est de retour. Il déboutonne son pantalon, sort son sexe entouré d'un pansement et s'écrie en rigolant :

« Quand on dit à Doudou : “ Coupe ! ”, Doudou coupe ! »

⁂

Il ne faut pas dire : *un négatif.* Il faut dire : *un homme de couleur chevelu.*

⁂

Il ne faut pas dire : *un égocentrique.* Il faut dire : *un homme de couleur qui a eu des malheurs.*

⁂

Les Américains ont les Noirs, les Français ont les Belges. Pourquoi ?

Parce que les Américains ont choisi les premiers.

⁂

Au Texas, que dit-on à un Noir qui porte un fusil en entrant dans un saloon ?

On lui dit : « Monsieur ! »

⁂

M. Dubois est fort perplexe, car sa femme vient de mettre au monde un ravissant petit négrillon. Et, de surcroît, elle affirme catégoriquement qu'elle ne l'a jamais trompé, et surtout pas avec un homme de couleur.

Décidément troublé, M. Dubois se résoud à aller prendre l'avis de son médecin, le Dr. K. Ligari.

« Il y a forcément une explication rationnelle au fait que madame votre épouse ait donné naissance à un négrillon, lui affirme cet éminent praticien. Etes-vous absolument certain de n'avoir aucun ancêtre noir dans votre famille ?

— Tout à fait certain ! fait M. Dubois.

— Et dans la famille de votre femme ?

— Elle est de pure souche auvergnate.

— Alors, je ne vois plus qu'une seule explication. Vous mangez souvent de la salade, n'est-ce pas ?

— J'adore ça, reconnaît M. Dubois. J'en mange à tous les repas.

— Et votre femme, aime-t-elle ça, elle aussi ?

— Oui, docteur. Elle en mange encore plus que moi.

— Eh bien ! Ne cherchez plus pourquoi elle a conçu un enfant noir.

— Vraiment, docteur, je ne vois pas...

— C'est pourtant bien simple : tout ça, c'est la faute au vinaigre... »

L'abbé Deurio est missionnaire au Kenya, dans un bled où il est le seul homme blanc. Mais, un jour, Didine, la femme du chef Mamadou, accouche d'un bambin tout rose et tout blond.

Mamadou, naturellement furibard, appelle l'abbé Deurio dans sa case et lui tient à peu près ce langage :

« Dis donc, missié l'abbé, t'es un drôle de saligaud, toi !

— Moi ? s'indigne l'abbé. Et pourquoi donc ?

— Parce que t'as niqué ma Didine, vieux cochon !

— Jamais de la vie ! En tant que prêtre catholique, je suis parfaitement chaste et pur...

— Alors, grogne Mamadou, comment t'expliques que ma Didine ait fait un bébé blanc, hein ?

— Mais... heu... je ne sais pas... La nature a parfois des

caprices de cet ordre... Tiens ! Là, devant ta case, vois-tu ce troupeau de moutons ? Ils sont tous blancs, et pourtant il y en a un qui, par accident, est né tout noir.

— Bon, ça va ! concède Mamadou. Je ne dirai plus rien pour le gosse blanc de Didine. Mais toi, en échange, t'es prié de ne plus jamais faire allusion à ce mouton noir, d'accord ? »

Comment appelle-t-on un Ethiopien de vingt-cinq kilos ?
Un goinfre.

Comment faut-il ranger les petits Ethiopiens ?
Côte à côte.

Pourquoi les petits Ethiopiens marchent-ils en gardant les bras tendus ?
Pour ne pas tomber dans les interstices des grilles d'égout.

Dans la rue, un monsieur croise un énorme Africain qui tient par la main un ravissant petit bébé blanc.

« Oh ! fait le monsieur, quel superbe enfant vous avez là ! C'est un bébé qu'on vous a demandé de promener ?

— Non, fait l'Africain. C'est mon quatre heures ! »

A la mairie du XXe arrondissement, un Ivoirien vient déclarer la naissance d'une petite fille.

« Comment allez-vous l'appeler ? demande l'employée.
— Avec un couteau ! »

En Afrique, tout va bien mieux depuis que Thierry Sabine et Daniel Balavoine se sont tués en hélicoptère. Les Africains du coin ont en effet récupéré l'appareil et l'ont transformé en prodigieuse machine agricole : ça bine devant, et ça bat l'avoine à l'arrière.

Deux Congolais parlent cuisine.
« Je me demande, fait le premier, s'il y a une vraie différence entre les Européens du nord, qui sont grands et forts, et ceux du sud, qui sont plus petits et plus minces...
— Oui, tranche le second. Vingt à vingt-cinq minutes de cuisson. »

A quel moment Hitler s'est-il suicidé en 1945 ?
Quand il a reçu la note de gaz.

« Papa, pourquoi maman s'amuse-t-elle à courir en zigzaguant dans le jardin ?
— Ne pose pas de questions stupides, et fais-moi passer une nouvelle boîte de cartouches. »

⁂

Jésus, sur sa croix, commence à s'ennuyer. Aussi, décide-t-il de se déclouer. Il tire sur sa main droite, tire, tire, tire, et parvient à la libérer en arrachant le clou. Puis il opère de la même manière avec la main gauche, tire, tire, tire, parvient aussi à la libérer.

« Meeeeeeeerde ! » s'exclame-t-il alors en piquant du nez en avant...

⁂

Pourquoi est-il très snob d'attraper le Sida ces temps-ci ?

Parce que ce n'est que dans quelques années que tout le monde l'aura.

⁂

Un petit garçon, né sans bras, entre dans une confiserie avec sa maman. Voyant des tablettes de chocolat sur une étagère, il dit à sa mère :

« Dis, m'man, est-ce que tu peux m'acheter du chocolat, s'il te plaît ?

— Bien sûr, mon petit. Tu n'as qu'à l'attraper toi-même.

— Mais, m'man, fait le jeune infirme, je ne peux pas : tu sais bien que je n'ai pas de bras... »

Alors, la mère, d'un ton sentencieux : « Pas de bras, pas de chocolat ! »

⁂

Deux représentants sont envoyés au Zaïre, l'un pour vendre des machines à laver Hoover, l'autre pour placer des Butagaz.

Un soir, dans la banlieue de Kinshasa, un mari et sa femme se retrouvent.

« Aujourd'hui, dit la femme, j'ai vu un représentant de commerce.

— Tiens, fait le mari, j'en ai vu un aussi.

— C'est incroyable, les trucs qu'on fabrique à présent... Tu ne devineras jamais ce qu'il vendait, mon représentant...

— C'était quoi ?

— Des ovaires électriques ! Et le tien, qu'est-ce qu'il vendait ?

— Des bites à gaz ! »

Un chirurgien croise, dans un couloir d'hôpital, un jeune collègue qui débute dans le métier.

« Alors, mon cher, comment vient de se passer votre première opération de l'appendicite ?

— Une opération de l'appendicite ? Mince ! J'ai cru jusqu'au bout qu'il s'agissait d'une autopsie ! »

Une pulpeuse exploratrice a été capturée par une tribu de sauvages. Un jeune guerrier s'introduit d'abord dans la case où elle a été bouclée, puis dans l'exploratrice proprement dite. Mais le chef, attiré par le bruit, ouvre la porte et le surprend dans ces libidineuses activités.

« Mamadou ! fait-il d'un ton sévère. Je croyais t'avoir déjà dit qu'il ne fallait pas fatiguer la viande avant de la manger ! »

Au cimetière de Meudon-les-Glycines, un Français moyen dépose un énorme bouquet de roses sur la tombe de sa défunte épouse. Sur la tombe voisine, un Arabe dépose un plat de couscous.

« Quand croyez-vous que votre femme se lèvera du cercueil pour venir déguster son couscous ? demande le Français en se marrant.

— Quand la vôtre viendra sentir ses fleurs ! » rétorque l'Arabe.

⁂

Quelle est la différence entre un journal et une bonne femme ?

Un journal découpé en morceaux, enfermé dans une malle et déposé à une consigne de gare n'intéressera aucune bonne femme, alors qu'une bonne femme ayant subi le même traitement intéressera tous les journaux.

⁂

Un jeune médecin vient de pratiquer son premier accouchement. Quand il rentre chez lui, sa femme lui demande :

« Alors, chéri, comment ça s'est passé ?

— Pas trop catastrophiquement, pour une première fois. J'ai réussi à sauver le père... »

⁂

« Monsieur le juge, j'étais ivre quand j'ai tiré sur mon épouse...

— C'est pour ça que vous avez voulu la tuer ?

— Non, c'est pour ça que je l'ai ratée ! »

⁂

Une nana entre dans l'épicerie établie en face de l'entrée principale du Zénith.

« J'achète toutes vos réserves d'œufs et de tomates, dit-elle.

— Vous, fait le boutiquier en riant, vous allez sûrement voir le concert de Stéphanie de Monaco !

— Oui et non. Stéphanie de Monaco, c'est moi ! »

« Allô, la gendarmerie ? Je viens d'écraser un poulet...

— Ce n'est pas grave ! Emportez-le, vous le mangerez !

— Est-ce que je peux également emporter son sifflet, son flingue et sa moto ? »

Sur une plage, une maman déboîte posément les deux bras de son bébé puis, sans écouter les hurlements qu'il pousse, en fait autant avec ses deux jambes et, enfin, lui dévisse la tête.

« Malheureuse ! crie quelqu'un. Que faites-vous à ce malheureux bambin ?

— Il vient de prendre un bain, explique la mère sans s'affoler. Alors, je le tords pour qu'il sèche plus vite... »

⁂

HISTOIRES RAIDES

Un gars, en Savoie, se présente dans une scierie et demande un emploi.

« Ici, lui dit le contremaître, on n'embauche que des connaisseurs.

— J'en suis un ! affirme le gars. J'ai été bûcheron au Québec, je connais le bois par cœur.

— On va vérifier ça. Je vais te bander les yeux, et mes hommes te feront renifler des copeaux. Si tu identifies l'arbre d'où provient chacun d'eux, je t'engage. »

On bande les yeux du gars, on lui met un copeau sous le pif.

« Ça, dit-il sans hésiter, ça provient d'un sapin de 4,56 m de haut, qui a été abattu lundi dernier, à 16 h 30, à la tronçonneuse électrique.

— C'est exact ! reconnaît le contremaître étonné. Et ça ?

— Ça, ça provient d'un bouleau nain foudroyé par l'orage et qu'on a fini de débiter à la hache, pas plus tard que ce matin, vers 10 heures. »

Le contremaître et les ouvriers, un peu humiliés par les connaissances du gars, font venir en douce la cacochyme grand-mère du patron. Ils la placent devant le gars et lui soulèvent la jupe.

« Et ça ? demande le contremaître qui se retient pour ne pas éclater de rire.

— Ça, c'est le bois d'une vieille porte de chiottes qu'on a dû récupérer pour en faire une caisse à poissons ! »

⁂

« Eh ! eh ! Qu'est-ce que j'attrape là, ma petite mignonne ?
— Mes nichons, m'sieur !
— Eh ! eh ! Et là ?
— Mes fesses, m'sieur !
— Eh ! eh ! Et là ?
— Ma vérole, m'sieur ! »

⁂

Une foufoune et une quéquette sont sur la plage.
« Tu viens te baigner ? demande la foufoune.
— J' peux pas, répond la quéquette. Faut que je garde le sac de mon patron. »

Deux jeunes citadins arrivent dans une bourgade pour y passer les grandes vacances. Mais ils ne connaissent personne et craignent de perdre un temps précieux avant de savoir quelles sont les filles avec qui ils pourraient coucher.

Le plus débrouillard des deux se rend donc à l'église et demande au curé de le confesser.

« Mon père, ment-il, j'ai forniqué ce matin avec une des filles du bourg.

— Déjà ! sursaute le prêtre. Pour vous donner l'absolution, je dois savoir quelle est la malheureuse pécheresse avec qui vous avez fauté !

— Je n'ose pas vous dire son nom...

— Ne serait-ce point la Thérèse, la fille du garde champêtre, celle qui a déjà dévergondé la moitié de mes enfants de chœur ?

— Non, mon père.

— Alors, c'est probablement la Georgette, la cadette des fermiers qui habitent à la sortie du village. Celle-là, elle a le diable quelque part !

— Non, mon père.

— Bon, je vois. Ça ne peut être que la petite Amélie, celle qui est serveuse à l'épicerie-buvette et qui couche avec tout le monde... »

Mais, sans en écouter davantage, le jeune gars bondit hors du confessionnal, sort de l'église et crie à son copain :

« Ça y est ! J'ai tous les tuyaux ! »

⁂

Un gentleman envoie un colis à une dame du meilleur monde. Elle l'ouvre et découvre un ravissant petit slip.

Sur une fesse, il est brodé : « Joyeux Noël ! »

Sur l'autre fesse : « Bonne année ! »

Et à cheval entre les deux : « Je passerai vous embrasser entre les fêtes... »

⁂

Une vieille dame offre des savates à son mari tout aussi âgé. Celui-ci, déjà tout nu pour aller se coucher, les essaye devant l'armoire à glace.

« Elles me vont très bien, dit-il. D'ailleurs, on dirait que mon sexe ne pend que pour les admirer...

— Demain, s'écrie la vieillarde, je t'achète un chapeau ! »

⁂

Un vieux monsieur attend sa femme dans le lit.

« Nénette ! l'appelle-t-il tout à coup. Viens vite ! vite !

— Qu'est-ce qu'il y a ! demande-t-elle.

— Je bande !

— Non ?

— Si ! »

Toute joyeuse, la vieille femme se déshabille aussi rapidement qu'elle le peut et se glisse dans le lit. Elle s'empare immédiatement de la verge de son cacochyme mari.

« Mais... Que m'as-tu raconté ? s'étonne-t-elle. Tu ne bandes pas plus que les autres soirs !

— Poisson d'avril ! » fait alors le facétieux époux en éclatant de rire.

⁂

« Marguerite ! fait un vieil homme à sa femme. Marguerite ! je crois bien que j'ai une érection !

— Doux Jésus ! Mais... mais c'est vrai ! Ah ! Arthur, mon Arthur ! Je n'y croyais plus ! »

Et, envoyant dinguer draps et couvertures, les deux vénérables aïeux se mettent en position pour faire l'amour.

Malheureusement, la débandade survient avant même le début de la bataille.

« Ça ne fait rien, va ! dit la mémée au pépé en lui faisant sur la joue une bise consolatrice. C'est plus des trucs de notre âge, il faut en prendre notre parti. »

Et elle s'endort. Mais, dans la nuit, elle se réveille et constate qu'elle est seule dans le lit. Elle se lève et, un peu inquiète, part à la recherche de son Arthur.

Elle le découvre grimpé sur la table de la salle à manger, se tenant accroupi au-dessus d'un étron frais dans lequel il fait tremper sa pauvre et molle quéquette. Et, penché en avant pour apercevoir ce qui se passe au-dessous de lui, il ricane en s'adressant à sa verge :

« Ah ! gueuse ! T'as pas voulu de viande, tout à l'heure ! Eh bien ! Puisque c'est comme ça, tu boufferas de la merde ! »

⁂

Au zoo de Vincennes, un couple regarde les gorilles qui, dans leur cage, forniquent follement.

« J'avoue que ça me trouble ! soupire la femme en mettant la tête sur l'épaule de son compagnon. Ça me donne envie...

— Tu ferais mieux d'y renoncer, maugrée l'homme. Jamais le gardien ne t'autorisera à entrer dans la cage ! »

⁂

Une dame, dans une maroquinerie, hésite devant plusieurs modèles de sacs à main.

« Celui-ci me plaît assez, dit-elle à la vendeuse, mais je le trouve un peu cher...

— S'il est cher, madame, c'est parce qu'il s'agit d'un sac tout à fait exceptionnel. Il est en pur cuir de bite. C'est très pratique.

— Pourquoi ?

— Quand on le caresse, il devient valise... »

Une pute aguiche un passant, mais celui-ci lui déclare :

« Hélas ! Je n'arrive pas à faire l'amour en ville. Je ne bande qu'à la campagne...

— Qu'à cela ne tienne ! fait la pute. Je connais un truc pour te donner l'illusion du plein air ! »

Le miché se laisse convaincre et la suit chez elle.

Elle met en marche un ventilateur.

« Ça, dit-elle, c'est le vent. »
Elle prend deux casseroles et les frappe l'une contre l'autre.
« Ça, c'est le tonnerre. »
Elle allume le plafonnier, l'éteint, le rallume.
« Ça, ce sont les éclairs. »
Elle ouvre en grand les robinets du lavabo.
« Ça, c'est la pluie. »
Mais le client va vers la porte et s'apprête à partir...
« Où vas-tu ? demande la pute étonnée.
— Je rentre chez moi en vitesse.
— Tu ne veux pas qu'on tire un coup ?
— Sous l'orage ? Pas question ! »

« Chérie, je ne sais pas pourquoi tu t'obstines à porter un soutien-gorge, puisque tu n'as pratiquement rien à mettre dedans...
— Et alors ? Tu portes bien un slip, toi ! »

La vache Rosette est éperdument amoureuse du taureau Hannibal. Malheureusement, une clôture en fil de fer barbelé sépare les prairies respectives où ils paissent. Alors, chaque jour, par-dessus la clôture, Rosette implore :

« Viens, mon Hannibal, viens ! Si tu savais comme j'ai envie de toi ! »

Comme Rosette est une très jolie Hollandaise à la belle robe blanche tachetée de noir, avec d'adorables cornes et un mufle irrésistiblement mutin, Hannibal finit par se décider et, ayant prit son élan, saute par-dessus la clôture pour enfin venir la rejoindre.

« Ah ! meugle Rosette. Mon Hannibal !

— Appelle-moi Annie tout court, répond le taureau d'une toute petite voix. Les balles sont restées accrochées aux barbelés ! »

***

Une dame se rend chez un sexologue réputé.

« Aidez-moi ! le supplie-t-elle. Je suis mariée depuis deux ans, et mon époux ne m'a pas encore touchée une seule fois ! Il prétend que l'acte sexuel ne le tente pas...

— Je vois ce que c'est, déclare le praticien. Sans doute est-il surmené, fatigué. Il lui faut un remontant. Mais, comme son cas me semble sérieux, je vais vous donner quelque chose d'extrêmement puissant. Mettez l'une de ces pilules dans son café, dimanche prochain, puis allez tranquillement faire votre marché. Quand vous rentrerez, votre mari sera tout transformé, vous verrez ! Il vous sautera littéralement dessus ! Mais, surtout, n'oubliez pas : une seule pilule suffit. Si vous forcez la dose, le pauvre homme sera vraiment trop excité. Et trop, ce serait trop ! »

La dame ravie prend les pilules, paie et s'en va.

Le dimanche suivant, ayant beaucoup de retard à rattraper, elle ne résiste pas à la tentation et, au lieu de mettre une seule pilule dans le café de son mari, elle y met tout le contenu du flacon.

Puis elle part faire son marché...

Quand elle rentre, elle trouve, sur le seuil, la chienne de la maison complètement hébétée qui lèche son fondement visiblement endolori. Dans le couloir, c'est la chatte qui, pantelante, semble avoir passé un sale quart d'heure.

Inquiète, la dame pousse la porte du salon. Elle y découvre son mari qui, grimpé sur un escabeau, a passé la queue dans la cage de la perruche et qui crie :

« T'as beau avoir la fente étroite, salope, t'y passeras comme les autres ! »

*
**

Une fille de joie s'aperçoit, à son réveil, qu'elle saigne du nez.

« Flûte ! gémit-elle. Quand c'est pas d'un côté, c'est de l'autre ! »

*
**

Un vieux spermatozoïde a une jambe de bois. Ça nuit évidemment à sa vélocité et, chaque fois qu'une éjaculation se produit, il arrive à la sortie longtemps après tous ses jeunes camarades, trop tard pour filer avec eux.

Un beau jour, il n'y tient plus et va trouver, dans la couille gauche, le spermatozoïde en chef.

« Patron, se plaint-il, ça ne peut plus durer. Je vais bientôt avoir six mois, ce qui est très âgé pour un spermatozoïde, et je sens que ma fin est prochaine. Pourtant, je ne voudrais pas mourir sans avoir connu l'ivresse d'être catapulté hors de la pine, ni sans avoir flirté avec le moindre petit ovule... Que faire pour arriver à être dans le peloton de tête lors de la prochaine décharge ?

— Il y a une solution toute simple, le rassure le chef. Dès que la rumeur publique t'informe qu'un coït a lieu à l'extérieur et qu'une éjaculation se prépare, n'attends pas que ce soit l'alerte : va au-devant des autres, et tiens-toi en face de la sortie. Tes jeunes collègues, en se précipitant tous en même temps, te pousseront devant eux. Et, ainsi, tu sortiras le premier. »

Le vieux spermatozoïde trouve le conseil judicieux et, dès lors, ne quitte plus les abords du gland, les yeux rivés sur la sortie, prêt à se laisser pousser par ses impulsifs petits copains lorsqu'une éjaculation aura lieu.

Et, enfin, le grand moment arrive. C'est la décharge ! Le vieux spermatozoïde est en première ligne. Il se sent soulevé, emporté, éjecté. Mais, dès qu'il a le nez à l'extérieur, il s'accroche aux parois du méat et hurle :

« Arrêtez de pousser, là, derrière ! Si on sort, on tombe en plein dans la merde ! »

Racolé par une prostituée dans une rue fort obscure, un homme la suit jusqu'à l'hôtel.

Sitôt arrivée dans la chambre, la fille ôte sa perruque et la range dans l'armoire. Elle ôte ensuite son dentier, le met à tremper dans un verre d'eau et place celui-ci dans l'armoire. Puis elle enlève son œil de verre, le nettoie et le range aussi dans l'armoire. Elle se défait ensuite de ses faux seins et les range dans l'armoire. Enfin, elle dévisse successivement sa jambe de bois et sa main articulée et les met également dans l'armoire.

« Je suis prête, chéri ! susurre-t-elle en s'allongeant sur le lit. Tu viens me rejoindre ?

— Où ça ? fait le mec. Sur le lit, ou dans l'armoire ? »

Sur la plage naturiste de Trifouilly-les-Bains, un gars regarde distraitement un colossal Africain qui fait trempette. Mais, quand le Noir sort de l'eau, le gars découvre qu'il a un sexe long d'au moins soixante centimètres.

« Ben quoi, fait le Noir, qu'est-ce que vous avez à regarder mon zizi avec étonnement ? Quand vous irez vous baigner, vous verrez que le vôtre aussi deviendra tout petit ! »

***

« Dis, Toto, c'est quoi, ce que tu as là ?

— C'est un doigt, Marinette. Et toi, qu'est-ce que tu as là ?

— Ça ? C'est un œil. »

Le soir, Marinette rentre à la maison.

« Qu'as-tu fait aujourd'hui ? lui demande sa maman.

— J'ai rencontré mon copain Toto. On a joué à se mettre le doigt dans l'œil... »

Une jeune femme, très belle et très sexy, va chez le médecin.

« Parfois, le soir, j'ai le mollet droit quelque peu douloureux, explique-t-elle au praticien en lui coulant un regard assassin qui en dit long sur le véritable but de sa visite.

— Je vais vous ausculter, fait le médecin troublé et ravi. Déshabillez-vous, je vous prie. »

La jeune femme s'empresse de se mettre toute nue. Le médecin fait vaguement semblant de l'ausculter puis, cédant à l'excitation, commence à la peloter allègrement : d'abord les flancs, puis les seins, puis les cuisses, puis... le reste !

« Ma femme est à côté et pourrait se douter de quelque chose, lui murmure-t-il avant de passer à la phase décisive des opérations. Pour lui donner le change, dites “ Trente-trois ! ” comme si je vous auscultais vraiment...

— Trente-trois ! Trente-trois ! fait docilement la jeune et jolie dévergondée tandis qu'il recommence de plus belle à la papouiller. Trente-trois ! Trente-trois !... Vingt-deux ! Vingt-deux ! Vingt-deux !

— Pourquoi dites-vous tout à coup “ Vingt-deux ” au lieu de “ Trente-trois ” ? demande, sans cesser de la lutiner, le docteur étonné.

— Parce que votre femme a ouvert la porte et est en train de nous regarder ! »

⁂

Un type est rongé de complexes parce qu'il a une queue très, très, très, très petite. Mais il rencontre une gentille fée qui lui promet d'exaucer son vœu le plus cher.

« Je veux que ma queue traîne par terre ! » s'écrie-t-il.

Et il est instantanément métamorphosé en cul-de-jatte.

Un gars est totalement obsédé par les frondes. Dès qu'il voit un élastique ou un bout de caoutchouc, il se fabrique une fronde. Il collectionne des frondes de tous formats, de toutes origines, et il en fait des panoplies qu'il accroche partout chez lui. Et, fatalement, on finit par l'enfermer chez les dingues.

Au bout de dix ans d'internement, le médecin-chef de l'hôpital psychiatrique note une nette amélioration de son état et le fait venir dans son bureau.

« Alors, mon brave, êtes-vous toujours obsédé par les frondes ?

— Moi ? Plus du tout ! Mais alors vraiment plus du tout ! C'est fini, la manie des frondes ! Bien fini !

— Vous semblez guéri, mon vieux ! Je pense que je vais pouvoir vous laisser rentrer chez vous.

— Ah ! docteur ! Qu'il sera bon de retrouver la liberté !

— Cependant, j'aimerais savoir ce que vous allez faire, une fois que vous serez dehors.

— Eh bien ! Je me chercherai une jolie petite nana bien roulée et pas bégueule...

— Eh ! eh ! C'est très bien, ça ! Et ensuite ?

— Ensuite, je la demanderai en mariage.

— Bravo ! Et... ensuite ?

— Ensuite, quand le maire nous aura unis, je l'emmenerai chez moi.

— Parfait ! Et ensuite ?
— Je la conduirai dans la chambre...
— Et ensuite ?
— Je la ferai s'asseoir sur le lit...
— Ah ! ah ! Et ensuite ?
— Je lui retirerai son voile...
— Ça devient tout à fait intéressant ! Et ensuite ?
— Je lui enlèverai sa robe...
— Toutes mes félicitations ! Et ensuite ?
— J'embrasserai longuement son petit ventre soyeux.
— Formidable ! Et ensuite ?
— Je ferai glisser sa petite culotte le long de ses jolies cuisses...
— Bravo ! Et ensuite ?
— Ensuite ? Vous ne devinez pas ?
— Je crois que si... Mais racontez-moi quand même ! implore le toubib émoustillé.
— Eh bien ! Je découdrai la culotte, je prendrai l'élastique et je me fabriquerai une chouette fronde. »

« Mon cher petit frère, tu fais beaucoup mieux l'amour que papa...
— Je sais. Maman me l'a souvent dit. »

Une fille de joie racole un très vieux monsieur :
« Viens, je parie que je parviendrai à te faire bander ! »
Ebranlé, il la suit à l'hôtel. Là, il se déshabille, ouvre la fenêtre et jette tous ses vêtements dans la rue.
« Pourquoi tu balances tes frusques ? demande la fille.

— Oh ! Le temps que tu arrives à tes fins, la mode aura sûrement changé ! »

*
**

« Dis, papa, comment je suis né ?
— Nous t'avons trouvé dans un chou, mon trésor.
— Et ma petite sœur, comment elle est née ?
— Nous l'avons trouvée dans une rose, mon chéri.
— Et mon petit frère ?
— Lui, mon cœur, c'est la cigogne qui nous l'a apporté.
— Ben mince, alors ! Vous ne baisez donc jamais, maman et toi ? »

*
**

« Monsieur le commissaire, je voudrais porter plainte contre cinq jeunes brutes qui ont vainement tenté de me violer dans un terrain vague.
— Je vais noter votre déposition, madame. Mais comment cela se fait-il que ces cinq jeunes gaillards ne soient pas parvenus à leurs fins, alors que vous étiez seule face à eux ?
— Justement ! fait la dame d'un ton outragé. Si vous croyez qu'il est facile de poursuivre cinq types à la fois et de les retenir, quand on a la culotte aux chevilles ! »

*
**

« Psst ! Viens, chéri ! Je te ferai ce qu'aucune pute ne t'a probablement jamais fait !
— Quoi donc ?
— Crédit ! »

⁂

Deux religieuses font de l'auto-stop. Une superbe Porsche s'arrête et les embarque. C'est une accorte et délurée blondinette qui est au volant.

« Vous avez une bien belle auto ! constate l'une des bonnes sœurs.

— C'est en faisant des pipes à un industriel que j'ai pu me la payer, déclare la blondinette.

— Vous avez aussi un bien beau manteau de vison ! dit la seconde bonne sœur.

— C'est en forniquant avec un diplomate que j'ai pu me l'offrir, répond la blondinette.

— Je me demande, soupire la première religieuse, si le curé qui vient au couvent pour les confessions ne s'est pas fichu de nous, en nous filant un porte-clé !

— Faut rien exagérer, ajoute la seconde religieuse. Il ne nous demande ni de le sucer, ni de nous laisser baiser !

— Vous avez raison, sœur Gertrude, reconnaît la première religieuse toute contrite. Tout ce qu'exige le saint homme, c'est de nous sodomiser. »

⁂

Un type, plutôt efféminé, arrive chez le médecin.

« Docteur, je suis affolé ! mais affolé ! J'ai peur d'avoir attrapé une très sale maladie !

— Bigre ! Où donc ?

— A la biroute, docteur.

— Qu'est-ce qu'elle a, votre biroute ?

— Elle a une tache rouge, docteur ! D'ailleurs, voyez ça vous-même... »

Le gars s'étant déculotté, le médecin se penche sur son sexe, le scrute, fronce les sourcils, prend une fiole d'alcool, en met sur un bout de coton, frotte la tache rouge sur la verge du gars, et la tache rouge disparaît comme par enchantement.

« Ah ! docteur ! s'émerveille le patient. C'est formidable ! Comment vous remercier ?

— Ne me remerciez pas. C'est deux cents francs. »

Le lendemain, le gars est de retour.

« Encore une tache rouge ? demande le docteur.

— Encore une tache rouge.

— Bon, déculottez-vous. J'attrape l'alcool et le coton... »

Et ainsi de suite. Chaque jour, le gars revient avec une nouvelle tache rouge sur le pénis. Et, chaque jour, pour deux cents francs, le toubib la lui enlève en la frottant avec un coton imbibé d'alcool.

Mais, le lundi de la semaine suivante, le gars arrive littéralement bouleversé.

« Docteur ! Docteur ! Cette fois, je crains que ce soit très grave ! Je n'ai pas de tache rouge, mais... regardez : j'ai une tache marron ! »

Le médecin regarde, fait la grimace, prend quand même un coton, l'imbibe quand même d'alcool et frotte quand même la verge du gars comme d'ordinaire. Et la tache marron disparaît, comme avaient disparu les taches rouges.

« Voilà, fait le docteur. C'est cinq cents francs.

— Cinq cents franc ? Mais, docteur, d'habitude ce n'est que deux cents francs !

— Oui, mais d'habitude c'est seulement du rouge à lèvres que je dois nettoyer. Quand c'est de la merde, c'est plus cher ! »

***

Un journaliste va interviewer, dans les Pyrénées, un berger qui vit depuis plus de trente ans tout en haut d'une montagne, avec ses brebis, et qui n'est pas descendu au village pendant tout ce laps de temps.

« Ainsi, demande la journaliste, vous n'avez pas quitté cette montagne depuis trente ans ?

— Pas une seule fois ! Les brebis ont trop besoin de moi.

— Et personne, avant moi, n'est monté vous voir ?

— Personne. Les brebis sont ma seule compagnie. »

Mais, tout à coup, le journaliste voit sortir un petit garçon de la cabane du berger.

« Et ça, demande-t-il au berger, qui est-ce ?

— Ça, fait le berger en haussant les épaules, c'est mon fils, parbleu ! »

Intrigué, car le berger est censé être célibataire, le journaliste appelle le garçonnet :

« Dis-moi, mon petit gars, comment t'appelles-tu ?

— Barnabêêêêêêêêêê ! »

⁂

Au bal du village, une jeune gaillarde a un peu trop bu. Aussi, sort-elle prendre un bol d'air frais. Elle marche jusqu'à un proche pré, s'allonge dans l'herbe et ferme les yeux.

Une vache, intriguée, s'approche puis, rassurée, se remet à brouter l'herbe. Mais ses pis finissent par frôler le visage de la fille.

« Eh ! les gars ! s'écrie alors la luronne. J' voulions bien rigoler avec vous, mais pas tous à la fois ! »

⁂

Deux coquines sortent en pleine nuit, un peu ivres, d'un bal de campagne. Ayant quitté la route par inadvertance, elles s'égarent dans une prairie et se cognent à une vache. La plus saoule des deux filles s'allonge posément sous l'animal et entreprend de le téter.

« Qu'est-ce que tu fais ? demande l'autre fille. T'es folle !

— Mais non, j' suis pas folle ! Sur quatre mecs, il y en aura bien un qui nous raccompagnera en bagnole ! »

***

Trois copines de bureau comparent les mérites et les défauts de leurs maris respectifs.

« Le mien est sympa, fait la première, mais il est malheureusement à demi impuissant.

— Ne te plains pas ! soupire la deuxième. Le mien l'est complètement !

— Le mien, affirme la troisième, c'est encore bien pire. Il l'est triplement !

— Comment, triplement ?

— Ben oui ! Depuis un mois, il ne bande plus. Il y a quinze jours, il s'est foulé la main. Et, hier soir, ce crétin s'est mordu la langue ! »

***

Ayant oublié sa clé au bureau, Tartampion sonne chez lui. Sa femme vient lui ouvrir intégralement nue.

« Mais... mais tu es complètement folle de venir m'ouvrir dans cette tenue ! balbutie-t-il.

— Excuse-moi ! répond calmement l'épouse nue. Je ne pouvais pas deviner que c'était toi ! »

***

« Ma sœur, après vous avoir soigneusement examinée, je suis malheureusement formel : vous êtes enceinte.

— Mais, docteur, c'est impossible ! Pour venir vous consulter, je suis sortie du couvent pour la première fois depuis douze ans !

— Je vous dis, ma sœur, que vous êtes enceinte !

— Je me demande si la faute n'en incombe pas au cierge à moustaches que l'évêque m'a tendu dans le noir, l'autre nuit, pendant que je faisais pénitence dans la chapelle... »

Une religieuse est agressée en pleine nuit, dans le bois de Vincennes, par quatre loubards.

« Si vous voulez me violer, leur déclare-t-elle, je vous avertis qu'il faudra me passer sur le corps ! »

C'est l'histoire d'un mec qui manque terriblement de confiance en lui-même.

Pour se masturber, il met un préservatif.

Dans une station de métro, deux clochards regardent une clocharde assise, en face d'eux, sur l'autre quai.

« T'as vu ? dit l'un. Quand elle écarte les cuisses, on voit ses poils. Même qu'ils sont tout noirs, dis donc !

— T'es bête ! C'est pas ses poils, c'est des mouches ! »

« Alors, Marcel, ta petite amie t'excite-t-elle toujours autant ?

— Toujours autant !

— Mais est-elle toujours aussi négligée ?

— Ben oui ! Avant l'amour, j'ai le sang qui bout. Après, j'ai le bout qui sent... »

⁂

Une fille qui a joyeusement roulé sa bosse réussit à se faire épouser par un gars très riche, mais aussi très jaloux.

« Je te préviens, lui dit-il la veille de leur mariage. Si tu ne saignes pas quand je te ferai l'amour pour la première fois, je t'étrangle !

— Je ne crains rien, ment éhontément la fille, car je suis absolument vierge. »

Mais le lendemain, en se rendant à la mairie pour y être unie au riche jaloux, elle fait un détour chez un médecin de ses relations. Celui-ci la rassure et lui bricole un petit système qui leurrera l'époux...

Après la nuit de noces, elle retourne le voir.

« Alors, demande-t-il, tout s'est bien passé ?

— Merveilleusement bien ! Il y avait une véritable mare de sang sur les draps, et mon mari était enchanté.

— Tant mieux, tant mieux ! Maintenant, je vais pouvoir retirer les lames de rasoir de votre vagin... »

Un type aime tellement faire minette à sa petite amie qu'il ne résiste jamais au plaisir de lui brouter le sexe, même lorsqu'elle est indisposée. Mais, un jour qu'il est justement occupé à cela pendant qu'elle a ses règles, on sonne à la porte avec insistance.

Le type s'arrache en maugréant de l'entrecuisse de sa dulcinée et va ouvrir.

« Je suis courtier en assurances, dit l'homme qui a sonné.

— Je n'ai besoin de rien, merci !

— Pourtant, un accident est vite arrivé... Nul n'en est à l'abri... Vous-même, cher monsieur, venez apparemment d'en avoir un, car vous avez du sang autour des lèvres...

— Du sang ? Heu... Je me suis simplement cogné à une porte en venant vous ouvrir.

— Eh ben ! C'était sûrement la porte des toilettes : vous avez également plein de merde au menton ! »

*
**

Vous voulez savoir si je bande ?
Affirmatif !
Vous voulez savoir si je baise ?
Préservatif !

*
**

Deux filles bavardent.

« Moi, quand je me marierai, j'aurai en dot un beau trousseau.

— Moi, deux beaux trous sales. »

*
**

Jojo et Marinette parlent de leurs parents.

« Hier soir, dit Jojo, papa a fait manger à maman quelque chose qui devait être rudement bon. J'ai écouté à la porte de leur chambre, et j'ai entendu maman qui disait comme ça à papa : “ Oui ! Encore ! encore ! j'en veux encore ! C'est bon ! c'est délicieux ! J'aime ça ! ”

— Je sais ce que c'était, affirme Marinette. C'était une pomme.

— Une pomme ? Tu dis n'importe quoi !

— Si, c'était une pomme. Je le sais, parce que j'ai entendu papa qui disait à maman, au moment où ils entraient dans leur chambre : “ Viens, je vais te faire croquer la pomme ! ”

— T'es sûre ?

— Oui, je suis sûre.

— Alors, c'est bizarre. J'aurais bien cru, pourtant, que c'était un saucisson.

— Un saucisson ? Pourquoi un saucisson ?

— Parce que, tout à l'heure, quand maman a fait le ménage de leur chambre, je l'ai vue qui ramassait la peau sur la descente de lit ! »

Comment se nomme la fente rose que les femmes possèdent entre les cuisses ?

L'enfer, puisque ça tend la bite.

« Chéri...

— Oui ?

— Tu m'aimes ?

— Mais oui, je t'aime.

— Chéri...

— Oui ?

— Je te plais encore un tout petit peu ?

— Mais oui, tu me plais encore.

— Chéri...

— Oui ?

— Chéri, fais-moi une bise, une toute petite bise...

— Tu m'emmerdes, à la fin, Ginette ! Tu ne pourrais pas attendre que j'ai fini de niquer ta sœur, pour me demander des conneries ? »

⁂

« Docteur, c'est bizarre, je me sens fatigué... Pourtant, je ne fais pas un travail très foulant et je ne suis pas encore un vieillard... J'ai à peine un peu plus de soixante-dix ans...

— Et sur le plan sexuel, avez-vous des problèmes ?

— Non. Je fais l'amour à ma femme chaque soir, puis vers le milieu de la nuit et, quelquefois, le matin. Je passe quotidiennement rue Saint-Denis pour tirer rapidement un coup avec une pute, puis je me rends directement à mon bureau où, rituellement, ma secrétaire me fait une ou deux petites fellations. Pour la remercier, je la sodomise ensuite — elle adore ça ! — et, dans l'après-midi, je l'autorise à me refaire une ou deux nouvelles fellations, mais rarement davantage, car je pars vers 17 heures rendre visite à ma maîtresse, une jeune fille au tempérament de feu, que je me dois d'honorer au moins cinq ou six fois consécutives. Ensuite, je rentre tout droit chez moi et, de temps en temps, quand ma femme a le dos tourné, je trousse la bonne sur la table de la cuisine...

— Mouais ! grogne le médecin, je vois ce qui vous fatigue : mon ami, vous avez passé l'âge des fredaines trop répétées. Il faut vous calmer et faire un peu moins l'amour...

— Eh bien ! vous me rassurez, docteur. J'avais très peur que vous m'interdisiez les masturbations fréquentes ! »

Marie, la bonne du curé, est occupée à astiquer le crucifix du grand autel. Elle est juchée tout en haut d'une échelle et, quand on passe au-dessous, on peut se rendre compte qu'elle a oublié de mettre une culotte...

Le curé, justement, vient à passer par là en compagnie d'un enfant de chœur. Et tous deux, levant machinalement les yeux, découvrent en même temps le spectacle que leur offre la jeune fille.

« Oh ! fait le naïf enfant de chœur. Dites, m'sieur le curé, c'est quoi, ce qu'on voit entre les cuisses de la Marie, là-haut ?

— C'est... c'est l'œil de Dieu qui nous contemple ! répond le prêtre embarrassé.

— L'œil de Dieu ? Ça alors ! J'aurais jamais imaginé qu'il avait des sourcils aussi broussailleux ! »

En entrant dans un bar, un gars reconnaît de dos l'un de ses amis, qui est totalement chauve. Par plaisanterie, il lui caresse le crâne.

« Incroyable ! ne peut-il s'empêcher de s'exclamer. Ton crâne a exactement la même douceur, reconnaissable entre mille, que les fesses de ma femme... »

Sceptique, le chauve se caresse le crâne à son tour.

« Bon sang ! s'écrie-t-il. Je ne l'avais jamais remarqué, mais tu as tout à fait raison ! »

« Agathe !

— Sophie !

— Que deviens-tu ?

— Je suis pute.

— Pute, toi ?

— Oui. Je fais des pipes pour cinq francs, je baise pour dix francs, j'accepte qu'on me sodomise pour vingt francs. Je fais rarement moins de cinquante passes par jour, et souvent bien davantage.

— Ma pauvre chérie ! Pourtant, tu es née dans une famille richissime, tu as une licence de lettres et un doctorat de philosophie et, la dernière fois que je t'avais vue, tu devais te marier au fils d'un ministre... Comment en es-tu arrivée là ?

— Oh ! J'ai vraiment eu beaucoup, beaucoup, beaucoup de chance ! »

*
**

« Alors, mou chou, ton vieil époux s'imagine-t-il toujours que tu suces la zigounette de tous les jeunes mecs que tu rencontres ?

— Oh ! Non...

— Chic ! Il a donc cessé d'être jaloux ?

— Pas du tout. Mais, maintenant, il n'a plus besoin d'imaginer quoi que ce soit : je le fais vraiment. »

*
**

« Bonjour, madame la pharmacienne. Je voudrais une capote anglaise.

— Désolée, monsieur, je n'en ai plus.

— C'est embêtant. Si je mets des capotes, c'est parce que j'ai le sexe très frileux. Et, avec le temps qu'il fait, j'ai peur d'attraper froid...

— Revenez à 18 heures : j'aurai terminé mon service, je pourrai offrir à votre sexe un très joli col de fourrure bien chaud ! »

*
**

« Chérie, tu la sens, ma grosse machinette ?

— Ouais, ouais, je la sens ! D'ailleurs, tu pourrais quand même la laver de temps en temps, merde ! Qu'est-ce qu'elle schlingue ! »

*
**

Un eunuque se fait agresser :

« La bourse ou la vie !

— Je veux bien vous donner ma bourse... Mais je vous préviens : je n'ai que des petites coupures ! »

⁂

Papa lapin dit à son fils lapin :

« Mon fils, tu vas bientôt avoir deux mois, tu es donc presque un adulte. Il est temps que je fasse ton éducation sexuelle, car tu sais que nous autres, lapins, sommes de fameux baiseurs. Je t'emmène de ce pas au bordel pour lapins, où tu feras exactement tout ce que tu me verras faire... »

Au bordel pour lapins, établi dans un champ de luzerne, les lapines sont rangées en ligne, cul en l'air, prêtes à être honorées sans vains préliminaires.

« On part chacun à un bout de la ligne, dit le papa lapin à son fils, et on s'arrête derrière chaque lapine. Bien poliment, on lui dit : " Bonjour, madame ! " Ensuite, on la baise. Quand on l'a baisée, on lui dit : " Merci, madame ! " et on passe à la suivante. T'as compris ?

— Oui, papa ! fait le petit lapin déjà tout impatient.

— Eh bien, allons-y. On se rejoindra vers le milieu de la rangée de lapines, et je te dirai si tu es doué... »

Sans plus attendre, papa lapin va derrière la première lapine à l'extrême gauche de la rangée. Il lui dit : « Bonjour, madame ! » et lui grimpe dessus. Il la pénètre, s'agite en elle pendant quelques secondes, éjacule, se retire, dit : « Merci, madame ! » et passe, comme prévu, derrière la lapine suivante pour recommencer.

Le fils lapin, lui, a commencé par la première lapine à l'extrême droite de la file. Et, à toute allure, il fait :

« B'jour, m'dame ! Merci, m'dame !... B'jour, m'dame ! Merci, m'dame !... B'jour, m'dame ! Merci, m'dame !... B'jour, m'dame ! Merci, m'dame !... B'jour, m'dame ! Merci, m'dame !... B'jour, p'pa ! Merci, p'pa !... »

⁂

Un très beau jeune homme entre dans une pharmacie, où il est accueilli par une jeune et très belle vendeuse. Dès le premier regard qu'ils échangent, il est évident qu'ils se plaisent mutuellement beaucoup...

« Monsieur désire ? roucoule la vendeuse.

— Un préservatif, répond le client.

— Quelle taille ?

— Ça, mademoiselle, je l'ignore.

— Me permettez-vous de prendre moi-même la mesure ?

— Je vous en prie... »

La peu farouche pharmacienne se penche sur lui, le débraguette et sort son membre viril qu'elle prend bien en main.

« Germaine ! crie-t-elle à quelqu'un qui est dans l'arrière-boutique. Tu m'apporteras une capote anglaise de taille 4... Non, pardon, de taille 6... Non, pardon, de taille 8... Oh ! et puis, tant que tu y es, tu m'apporteras aussi une serpillière ! »

Au balcon de la place Saint-Pierre, le pape bénit la foule des fidèles en agitant son encensoir.

Alors, d'en bas, une voix efféminée lui crie :

« Fais gaffe, grande folle ! Il y a ton sac à main qui brûle ! »

Au confessionnal.

« Mon père, murmure une petite jeune fille, j'ai beaucoup, beaucoup, beaucoup, beaucoup péché...

— Parle haut, mon enfant ! fait le curé un peu sourd.
— Non, mon père. Par le bas ! »

« J'ai une tache verte sur la face interne de chacune des deux cuisses, près de l'aine. Elles partent en les frottant à l'eau et au savon, mais elles reviennent dès que mon petit ami me fait l'amour ! Est-ce grave, docteur ? demande une jeune fille à son gynécologue.

— Montrez-moi ça, fait l'homme de la science. Heu... dites-moi, votre petit ami ne serait-il pas gitan ?

— En effet, docteur.

— Et je suppose qu'il vous fait souvent minette, n'est-ce pas ?

— J'avoue qu'il adore ça et que j'y prends moi-même un vif plaisir ! murmure la fille en baissant pudiquement les yeux.

— Eh bien ! Je peux vous assurer que ses boucles d'oreilles ne sont pas en or, mais en cuivre ! »

En pleine campagne, un automobiliste est arrêté par un paysan qui, menaçant, pointe un fusil sur lui.

« Vous allez à Paris ? questionne le paysan.

— Oui.

— Alors déculottez-vous. Et maintenant, masturbez-vous.

— Jusqu'au bout ? demande l'automobiliste mort de trouille.

— Jusqu'au bout ! » confirme le paysan.

Puis, quand l'automobiliste s'est effectivement masturbé jusqu'au bout, il se retourne vers un fourré et crie :

« Tu peux venir, la Marie ! Ce monsieur veut bien t'emmener à Paris dans son auto ! »

⁂

Tout en lisant aux élèves de la classe mixte de 7e une page de poésie de Lamartine, l'institutrice se promène dans les allées, entre les pupitres. Et, brusquement, elle surprend la petite Alice qui, penchée sur son voisin le petit Didier, l'honore d'une de ces gâteries buccales que les filles aussi jeunes ne font habituellement pas encore aux garçons.

« Cochonne ! la sermonne l'institutrice. Que fais-tu là ?

— Mais, madame, je suce simplement la zézette de mon camarade ! répond candidement Alice.

— C'est très mal ! Tu es beaucoup trop petite pour faire des choses comme ça ! Tu vas tout de suite me copier cent fois la phrase suivante : “ Je ne dois pas sucer la zézette de mon petit voisin de classe pendant les heures de cours. ” Et je te prierai de ne pas faire de fautes d'orthographe !

— Bien, madame, fait docilement Alice en attrapant son cahier pour commencer sa punition. Mais comment ça s'écrit, le mot *zézette,* madame ? Avec deux *t* ou avec un seul ?

— Mets-en trois, fait l'institutrice après avoir réfléchi un instant. Ces machins-là, ce n'est jamais trop long ! »

⁂

Dans la rue, un petit garçon désigne un passant à son père :

« Papa ! Ce monsieur-là veut me kidnapper !

— Qu'est-ce que tu racontes là ?

— Ben oui ! L'autre jour, ce monsieur est venu voir maman à la maison. Ils se sont enfermés dans la chambre, et je l'ai entendu dire à maman : “ Retourne-toi, que je puisse te prendre le petit ! ” Et le plus fort, c'est que maman semblait tout à fait d'accord ! »

⁂

« Quel malheur ! Je viens de trouver ma femme en train de faire, sur mon propre lit, un pompier à mon meilleur ami !

— Et que lui as-tu fait, à ce salaud ?

— Je lui ai donné un coup de laisse et je l'ai renvoyé dans sa niche en le privant de Canigou ! »

Deux petites filles trouvent un préservatif usagé dans un caniveau. Le soir, elles le montrent à leur mère en lui demandant ce que c'est.

« Jetez ça tout de suite ! s'écrie la mère écœurée. C'est... c'est un vieil emballage de friandise !

— Ah ! fait alors l'une des deux fillettes à sa sœur. Tu vois bien qu'on a eu raison de lécher la crème qui restait au fond ! »

« Comment fais-tu pour ne pas perdre tes cheveux ? demande un chauve à un chevelu.

— C'est simple : tous les matins, je me masturbe puis je me masse le crâne avec le sperme. Tu devrais essayer, je suis persuadé que ça ferait très vite et très abondamment repousser tes cheveux. »

Le lendemain matin, chez lui, le chauve tente l'expérience. Mais sa femme le surprend et il doit tout lui expliquer.

« Que t'es sot ! soupire-t-elle. Si ton foutre faisait pousser les poils, il y a longtemps que je devrais me raser la moustache ! »

Au bois de Boulogne, en attendant le micheton, deux travelos font les cent pas.

« Berck ! s'écrie l'un d'eux. Tu ne trouves pas que ça empeste le sperme, tout d'un coup ?
— Excuse-moi, répond l'autre, c'est moi qui ai roté... »

***

Deux homos bavardent sur un trottoir de Pigalle.
« Pour faire une pipe, combien prends-tu, toi ? demande l'un.
— Cinq francs.
— Cinq francs ? Mais t'es maboule ! Tu casses les prix !
— Je ne prends pas cher, d'accord, mais j'avale tout.
— Et alors ?
— Eh bien ! Je suis nourri ! »

***

Un jeune homme, dans le train, est assis en face d'une dame nantie d'un étui à violon. Sitôt que le convoi s'ébranle, la dame ouvre l'étui, sort son violon et commence à jouer.
« Je suis musicienne, explique-t-elle, et je pars donner un concert. Alors, je répète mon morceau ! »
Le jeune homme, sans répondre, déboutonne son pantalon, sort son pénis et se met à se masturber.
« Oh ! s'exclame la dame épouvantée. Que faites-vous, espèce de sale dégoûtant ?
— Je suis célibataire, répond le jeune homme, et je pars me marier. Je fais donc comme vous : je repasse mon morceau ! »

***

Une vieille dame entre chez un oiseleur et demande :
« Je voudrais un perroquet mâle, s'il vous plaît. C'est pour tenir compagnie à Jacquotte, ma perroquette, qui s'ennuie toute seule dans sa cage.

— Je n'ai plus de perroquet, répond l'oiseleur, mais j'ai un hibou qui fera parfaitement l'affaire. Les hiboux mâles s'entendent merveilleusement bien avec les perroquets femelles... »

La vieille dame se laisse convaincre et repart avec le hibou. Dès qu'elle arrive chez elle, elle place le volatile dans la cage de Jacquotte. Les deux oiseaux, un peu étonnés l'un par l'autre, se regardent.

« Houuu ! Houuu ! fait le hibou au bout d'un moment.

— Pose pas de questions idiotes ! rétorque la perroquette. Où ? Dans le vagin, comme d'habitude ! »

« Docteur, je suis inquiet. J'ai appris que le facteur a une maladie vénérienne...

— Et alors ?

— Alors, il l'a fatalement refilée à ma bonne, qui l'a fatalement refilée à mon fils, qui l'a fatalement refilée à sa sœur...

— A sa sœur ? fait le médecin abasourdi.

— Ben oui, à ma fille cadette, quoi ! Alors, comprenez-vous, j'ai peur d'avoir été contaminé par elle et d'avoir moi-même contaminé ma femme en lui faisant l'amour ce matin.

— C'est incroyable, votre histoire !

— Ce qui est embêtant, c'est surtout que ma femme, n'étant au courant de rien, risque fort d'avoir passé la maladie à son vieux père. A l'âge qu'il a, ça pourrait être grave ! »

Un fermier estime que le vieux coq de sa basse-cour n'est plus assez productif. Aussi, fait-il l'acquisition d'un tout jeune coq. Sitôt arrivé dans le poulailler, celui-ci dit au coq âgé :

« Pépé, l'un de nous deux est de trop, ici. C'est moi le plus jeune, c'est moi le plus fort. Donc, c'est toi qui pars !

— Laisse-moi finir mes jours dans cette ferme ! supplie le vieux coq. Je me mettrai dans un coin avec mes deux ou trois poulettes préférées, et je te laisserai toutes les autres...

— Pas question ! fait péremptoirement le jeune coq.

— Sois sportif, au moins ! Je te propose une course... Je vais galoper autour du poulailler et tu me poursuivras. Si tu arrives à me dépasser avant le vingtième tour de basse-cour, c'est promis : je fais mon baluchon et je pars. Si tu n'arrives pas à me dépasser, je pourrai peinardement rester ici, avec deux ou trois petites poulettes rien que pour moi. D'accord ?

— Okay ! fait le jeune coq qui est certain de rattraper le vieux au bout de quelques tours de poulailler. Commence à courir, je te poursuis ! »

Le vieux coq part comme une flèche, en gueulant. Le jeune coq commence à le poursuivre mais, dès qu'il a couru quelques mètres, un coup de feu éclate et il tombe raide mort.

« Merde ! fait alors le fermier en reposant le fusil avec lequel il a tiré. C'est le cinquième jeune coq que j'achète, et c'est le cinquième que je dois abattre parce qu'il est complètement pédé et qu'il course le vieux coq au lieu de s'intéresser aux poules ! »

Dans la rue :

« Hep ! Madame ! Vous perdez quelque chose !

— Quoi ?

— Vos seins ! »

En pleine jungle, deux éléphants aperçoivent un explorateur qui, tout nu, se baigne dans un fleuve.

« Pauvre gars ! chuchote l'un des éléphants à son pote. Jamais il ne pourra boire à sa soif avec une aussi petite trompe ! »

Mme Martin rencontre Mme Durand.

« Comment allez-vous ?

— Affreusement ! Je suis torturée par d'épouvantables maux de gorge.

— J'avais la même chose hier. Je m'en suis débarrassée en faisant une fellation à mon mari et en avalant son sperme jusqu'à la dernière goutte !

— Vous croyez réellement que c'est ce qui vous a guérie ?

— J'en suis persuadée ! Vous devriez faire la même chose

— Avec plaisir. Mais votre mari est-il chez vous, à cette heure-ci ? »

Trois copines de bureau parlent du moment où elles préfèrent faire l'amour.

« Moi, dit la première, c'est le soir. Ainsi, j'ai toute la nuit pour récupérer.

— Moi, dit la deuxième, c'est au milieu de la nuit. Je trouve ça plus voluptueux.

— Moi, dit la troisième, c'est le matin. Comme je n'ai jamais le temps de prendre mon petit déjeuner, ça me permet d'avoir quand même quelque chose de chaud dans le ventre pour commencer la journée. »

A l'école. La jeune institutrice, fraîchement nommée, tente une expérience pédagogico-psychologique :

« Je vais vous montrer un objet, dit-elle aux enfants, et vous me direz à quoi il vous fait penser... Bon, on commence. Voici un mouchoir... Dudule, à quoi te fait-il penser ?

— Aux voyages et aux gens qui se disent au revoir sur les quais de gares...

— Très bien ! Et toi, Dédé ?

— Au gros rhume que j'ai eu l'hiver dernier...

— Pas mal ! Et toi, Toto ?

— A une femme à poil !

— Ah ? C'est curieux, ça... Et cette fleur, à quoi te fait-elle penser ?

— A une femme à poil !

— De plus en plus curieux !... Et ce tableau noir ?

— A une femme à poil !

— Toto, déclare l'institutrice désemparée, j'avoue que je ne comprends pas pourquoi un mouchoir, une fleur et un tableau noir te font tous penser à une femme nue...

— C'est parce que je ne pense qu'à ça, mademoiselle ! »

En classe, l'institutrice demande :

« Qui peut me dire ce que mangent les ours ?

— Moi, m'dame ! je sais ! je sais ! fait l'affreux Toto depuis le fond de la classe.

— Toto, dit la maîtresse, tais-toi ! Toi, Dudule, réponds à ma question : de quoi se nourrissent les ours ?

— Heu... hésite Dudule. De poireaux ?

— Non ! Toi, Nénesse, dis-moi de quoi se nourrissent les ours...

— Heu... De poulet rôti ?

— Non ! Vous êtes de petits ignorants !

— Moi, m'dame ! Moi, m'dame ! insiste de nouveau Toto. Moi, m'dame, je sais ce que mangent les ours !

— Eh bien, Toto, soupire la maîtresse, dis-le-moi.
— Ils mangent des oignons, m'dame.
— Des oignons ? s'étonne l'institutrice. Pourquoi dis-tu ça ?
— Parce que l'autre nuit, depuis ma chambre, j'ai entendu ma maman qui disait comme ça à mon papa : " Viens, bouffe-moi vite l'oignon ! Après, tu pourras plus, y'aura mes ours ! " Et j'ai entendu mon papa qui baffrait pour ne rien leur laisser à boulotter ! »

Chez le médecin :
« Vraiment, mon ami, je ne vois pas pourquoi vous êtes venu me consulter. Vous êtes bâti comme un chêne !
— Justement, docteur. C'est le gland qui pose des problèmes ! »

Au cours d'un jeu radiophonique, un candidat, qui se présente en catégorie *Histoire de France,* a brillamment répondu aux cinquante-quatre premières questions et va remporter le schmilblick s'il répond à la cinquante-cinquième.

Dans la salle où se déroule l'enregistrement, le suspense est terrible.

« Cher candidat, claironne l'animateur, écoutez bien la dernière question... Le soir de leurs noces, quand Napoléon et Joséphine se sont retrouvés seuls dans la chambre nuptiale, quels ont été les premiers mots que Joséphine a prononcés ? Vous avez trente secondes pour me répondre. »

Le candidat réfléchit, ne trouve pas, s'affole.

« Plus que vingt secondes, annonce le présentateur. Plus que quinze secondes... plus que dix secondes... Allons, monsieur, ne pouvez-vous vraiment pas me dire quels furent les premiers mots prononcés par Joséphine le soir de son mariage avec l'Empereur ?

— Alors là, se lamente à mi-voix le candidat qui ne connaît décidément pas la réponse, alors là, je crois bien que je l'ai dans le cul...

— Bravo ! hurle l'animateur du jeu. Réponse exacte, vous avez gagné ! »

⁂

Deux verges papotent.

« Je crois que nos propriétaires nous emmènent au cinéma, ce soir.

— Zut ! J'espère qu'ils ne vont pas voir un film porno.

— Pourquoi ?

— J'ai pas envie de rester debout toute la soirée ! »

Trois religieuses trouvent la mort en même temps, sous un clocher qui s'est écroulé. Elles arrivent devant Saint Pierre.

« Qu'avez-vous fait, dans votre vie, de plus cochon ? demande-t-il à la première nonette.

— J'ai masturbé l'abbé Chamel, le curé Trécy et l'évêque Lamibidasse, avoue, toute contrite, la bonne sœur.

— Rien de très grave, assure Saint Pierre. Lavez-vous les doigts dans ce bénitier, ma sœur, et les portes du Ciel vous seront ouvertes. Et vous, ma sœur, demande-t-il à la deuxième, qu'avez-vous fait de plus vicieux ?

— Je me suis laissée sodomiser par l'abbé Tadedeau, par le curé Tamé et par le révérend Tamplan, ô bon Saint Pierre.

— Rien de bien méchant. Allez vous purifier le sphincter anal dans ce bénitier, ma sœur, et les portes du Ciel vous seront ouvertes... »

Mais la troisième religieuse, qui n'a encore rien dit, se précipite vers le bénitier pour y arriver la première.

« Ma sœur ! s'étonne Saint Pierre. Que faites-vous ?

— J' veux passer avant elle ! explique la resquilleuse. Vous comprenez, ô bon Saint Pierre, j'ai pas envie de me rincer la bouche dans l'eau où ma copine se sera lavé le cul ! »

⁂

Un petit garçon et une petite fille jouent au papa et à la maman. Ils font semblant d'être au lit. Soudain, le petit garçon rigole.

« Pourquoi tu ris ? demande la petite fille.

— Parce que je te mets le doigt dans le nombril.

— Mais... mais... c'est pas mon nombril !

— Non ! Et c'est pas mon doigt non plus ! »

⁂

Un provincial débarque gare d'Austerlitz et monte dans un taxi. C'est une femme qui est au volant.

« Où vous conduis-je ? fait-elle.

— Ecoutez, répond le provincial un peu embarrassé, j'aimerais que vous m'emmeniez au meilleur bordel de tout Paris.

— Ça tombe bien ! glousse la femme-taxi. Vous y êtes ! »

Une jeune maman pousse un landau. Elle croise, dans un parc, deux fillettes qui poussent aussi des voitures d'enfants, dans lesquels elles ont installé leurs poupons.

La jeune maman s'arrête et dit à la première fillette :

« Oh ! Le beau bébé que tu as là ! Combien l'as-tu payé ?

— Trois cents francs.

— Et toi ? demande la maman à la seconde fillette.

— Cinq cents francs.

— Eh bien ! sourit gentiment la jeune femme. Plus tard, quand vous serez grandes, vous pourrez avoir des bébés gratuitement, comme moi...

— Pfff ! fait dédaigneusement l'une des fillettes. Nous, on sera moins connes que vous ! On prendra la pilule avant de se faire enfiler ! »

Dans la rue, deux chiens forniquent.

« Papa, demande un petit garçon, qu'est-ce qu'ils font ?

— Heu... Le monsieur chien pousse simplement la madame chienne pour l'emmener chez lui.

— Eh ben ! Heureusement que maman se tenait au lavabo, hier matin ! Sans quoi, le facteur l'aurait sûrement poussée jusqu'à la poste ! »

Conductrices, attention ! Quand votre passager se penche sur vous afin de vous montrer sa flamme, levez le pied pour ne pas dépasser 68 km/h. A 69, vous risquez le tête-à-queue.

Scène de la vie quotidienne chez le docteur Jean Filetoux :

« Docteur, je suis bien ennuyé, car je n'arrive pas à pénétrer ma femme... heu... hum ! hum !... par l'entrée de service, si vous voyez ce que je veux dire.

— Je vois. Vous avez du mal à passer la tête par la porte, c'est ça ?

— C'est bien ça, docteur.

— Je vais vous donner une pommade lubrifiante dont vous me direz des nouvelles... »

Mais, la nuit suivante, le médecin est réveillé par un coup de fil de son client.

« Je suis à l'hôpital à cause de vous ! se plaint le gars.

— Je ne comprends pas...

— Je me suis enduit l'ustensile de pommade, et j'ai pu passer sans difficulté par où je le désirais...

— Alors ?

— Alors, ma femme a serré les fesses. Et je suis allé m'écraser les reins contre le mur derrière moi ! »

Deux amoureux se font des papouilles. La fille minaude :

« Je veux bien que tu mettes ta main dans ma culotte, Paul-Antoine, mais seulement si tu ne me rentres qu'un doigt où tu penses...

— Comme ça ?

— Rhââââ ! Oui, comme ça... Si tu veux, Paul-Antoine, je t'autorise à mettre un second doigt.

— Comme ça ?

— Oh ! vouiiiiii, comme ça... Allons, va ! Mets un troisième doigt... un quatrième... Oui ! Oui ! c'est ça, mets toute la main ! Ah ! s'il te plaît, Paul-Antoine, s'il te plaît, mets aussi la seconde main... Oui, comme ça, tout entière... Ah ! Je t'en supplie, Paul-Antoine, applaudis ! applaudis bien fort ! »

Le Père Noël arrive, en passant par la cheminée, dans un appartement. Il avise un lit au milieu de la pièce principale, et, sur le lit, une superbe fille rousse, toute nue, les cuisses écartées, qui lui fait signe de vite venir lui faire l'amour.

« Non ! se lamente le Père Noël. Je ne peux malheureusement pas vous donner satisfaction, chère petite madame, car la fornication m'est formellement interdite pendant le travail...

— Ah oui ? rigole la fille. Mais si tu ne me sautes pas, tu ne pourras jamais repasser par la cheminée ! »

⁂

Deux homosexuels se rencontrent.

« Alors, demande le premier, comment ça marche, avec ton nouveau petit ami ?

— Terrible ! se pâme le second. Je n'arrive même pas à trouver le temps de péter ! »

⁂

Un souriceau est follement amoureux d'une éléphante. A force de la courtiser, il réussit à la persuader de se laisser faire l'amour. Il lui grimpe donc sur le bas du dos, lui soulève la queue et commence à lui faire son affaire. L'éléphante, qui ne sent absolument rien du tout, finit par oublier l'activité et la présence du souriceau pour vaquer à ses occupations. Mais, soudain, elle marche sur une épine qui la blesse à la patte.

« Aïe ! s'écrie-t-elle.

— Excuse-moi, fait le souriceau. Je t'ai fait mal ? »

Un très, très, très gros éléphant et une très, très, très petite souris se présentent à la mairie.

« On voudrait se marier, déclare l'éléphant.

— Vous marier ? s'étonne l'employé. Etes-vous bien sûrs de ne pas commettre une erreur ?

— C'est que, couine la petite souris en rougissant de confusion, on est obligés... »

Une jument rencontre un zèbre.
« Salut, beau mâle ! lui dit-elle. Je te plais ?
— Ma foi, hennit le zèbre, je te ferais volontiers l'amour.
— C'est d'accord ! Mais d'abord, s'il te plaît, tu vas retirer cet affreux pyjama ! »

En parcourant un intestin, un ténia trouve la portion de spaghetti que vient d'ingurgiter la personne dont il est l'hôte.
« Chic ! s'écrie-t-il. Une partouze ! »

Connaissez-vous l'histoire de l'eunuque qui a été décapité ?
C'est une histoire sans queue ni tête !

Un jeune homme supplie, depuis six mois, sa jeune et toujours virginale fiancée de coucher avec lui. A force d'être harcelée, elle lui dit :
« Ecoute, Dédé, je veux bien que tu fasses pénétrer ton truc dans ma chosette, mais à une condition...
— Laquelle ?
— Tu vas me jurer que tu ne feras entrer que le petit bout pelé et que tu laisseras le reste à l'extérieur. D'accord ?
— C'est d'accord, soupire le jeune homme. Je te jure que je ne ferai pénétrer que le petit bout pelé. »

Il s'étend sur elle et, fidèle à son serment, n'introduit dans le sexe de sa fiancée que le petit bout pelé de sa verge. Mais, au bout de deux minutes, la jeune fille lui murmure :

« Ah ! Dédé, mon Dédé ! Quel dommage que tu ne sois pas pelé jusqu'au ras des couilles ! »

Dans la vitrine d'une boutique d'étoffes, un écriteau indique : *ICI, TISSUS FRANÇAIS.* Un Nord-Africain pousse la porte et dit à la patronne :

« Pardon, madame... Ti suces Français, mais est-ce que ti suces aussi Arabes ? »

Un jeune homme très comme il faut entre dans une pharmacie. Une petite vendeuse rosissante s'approche de lui :

« Vous désirez, monsieur ?

— Heu... C'est très délicat... Est-ce que je ne pourrais pas être servi par le patron ?

— Non, il est occupé à faire un inventaire dans l'arrière-boutique. Dites-moi ce que vous voulez, je vous servirai moi-même.

— C'est que... heu... j'ai un peu peur de vous choquer, mademoiselle... Je voudrais... heu. . je voudrais un préservatif.

— M'sieur Gaston ! crie à pleins poumons la petite vendeuse rosissante en se tournant vers l'arrière-boutique. M'sieur Gaston ! Est-ce qu'il nous reste encore des sacs à foutre ? »

Un homme pénètre dans une pharmacie tenue par trois accortes jeunes femmes.

« Voilà, dit-il. J'ai un gros problème qui m'empoisonne l'existence : mon sexe mesure près de trente centimètres, et je dois impérativement tirer au moins un coup toutes les heures, aussi bien la nuit que le jour. Qu'est-ce que vous pouvez faire pour moi ?

— Attendez, dit la jeune pharmacienne qui l'a reçu. Votre cas est fort inhabituel, il faut que je consulte mes sœurs... »

Elle rejoint ses sœurs dans l'arrière-boutique. Après un bref conciliabule avec elles, elle revient et dit à l'homme :

« Dix mille francs par mois, nourri, logé, blanchi, ça vous irait ? »

⁂

Une prostituée racole un passant :

« Psst ! Dis, chéri, combien tu me donnes ?

— A vue de nez, dans les quarante ans ! »

Dans le métro, à l'heure de pointe, une très jolie fille s'approche d'un vieux monsieur installé sur une banquette.

« Pardon, monsieur, lui dit-elle, pourriez-vous s'il vous plaît me céder cette place assise ? Je suis enceinte.

— Je vous en prie, asseyez-vous ! fait le vieux monsieur en lui donnant galamment sa place. Veuillez m'excuser de ne pas m'être levé plus tôt, mais j'avoue que je n'avais pas remarqué votre état... A vrai dire, ça ne se voit même pas du tout ! Il y a longtemps que vous êtes enceinte ?

— Non, répond la jolie fille en s'asseyant, ça fait dix minutes. Mais vous n'imaginez pas combien ça coupe les jambes ! »

⁂

Un hétéro et un homo parlent de réincarnation.

« Moi, dit l'hétéro, si cette chose-là existe, j'aimerais me réincarner en casserole.

— Drôle d'idée ! Pourquoi ?

— Parce que j'aurais toujours le cul au chaud, et parce que les femmes n'arrêteraient pas de m'attraper par la queue...

— Eh bien ! dit l'homo, moi, j'aimerais me réincarner en ambulance.

— En ambulance ? Je ne comprends pas...

— On leur ouvre le derrière tout en grand, on y enfourne un bonhomme tout entier, et elles partent à toute vitesse en faisant : " Houuuuu ! Houuuuu ! " tellement ça leur fait de l'effet ! »

Un prostituée se plaint à une consœur de manquer de clients.

« C'est parce que tu ne sais pas soigner ta publicité, lui assure sa copine.

— Comment, ma publicité ?

— Ben oui. De nos jours, il ne suffit plus de faire des cochoncetés aux clients. Il faut aussi leur offrir un truc en plus, comme qui dirait avoir un gadget pour les attirer.

— Ah ! Et t'as un gadget, toi ?

— Bien sûr. Je me suis fait tatouer le portrait de Johnny Hallyday sur la face interne de la cuisse droite et le portrait de Michel Sardou sur la face interne de la cuisse gauche. Si un client les reconnaît, il a droit à une fellation gratuite.

— C'est pas bête, ça ! fait admirativement la prostituée sans pratique. Je vais faire comme toi !

— Pour ne pas me faire trop de concurrence déloyale, tâche quand même de trouver une variante...

— Ne t'inquiète pas. Au lieu de me faire tatouer des binettes de chanteurs, je vais me faire tatouer celles de sportifs célèbres ! »

Elle file ventre à terre chez un tatoueur, se fait faire le portrait d'Alain Prost sur la cuisse droite et celui de Laurent Fignon sur la cuisse gauche. Et, très excitée, elle redescend dans la rue pour étrenner son gadget avec un client.

« J'ai des portraits de grands sportifs tatoués sur moi, explique-t-elle au premier micheton qui s'arrête. Si tu les reconnais, j' te fais une pipe gratuitement.

— Ça colle, fait le micheton. Je devrais trouver, j'ai joué avant-centre au Racing-Club de Mézy-le-Douha. »

Il la suit à l'hôtel et, sitôt dans la chambre, elle retire ses frusques et s'installe sur le lit, les cuisses bien écartées pour étaler ses tatouages. Le client s'approche. Son regard va d'une cuisse à l'autre.

« Alors, demande la fille, tu trouves ?

— A droite, je ne vois pas de qui il s'agit... A gauche non plus... Par contre, celui du milieu, je reconnais ses lèvres roses et ses cheveux frisés : c'est Yannick Noah ! »

Dans un quartier sordide, une prostituée aborde un dur :

« Viens, chéri, je te ferai un truc qu'on ne t'a jamais fait.

— Ça m'étonnerait, dit le balèze. J'ai baroudé en Afrique et en Thaïlande, alors, tu penses comme je suis blasé !

— Je t'assure que je te ferai un truc que personne ne t'a encore fait ! »

Intrigué, il la suit.

Quand ils arrivent dans la chambre, elle s'accroupit sur le lit, enlève un œil de verre, tend vers le gars son orbite béante et lui dit :

« Et maintenant, bourre-moi le crâne ! »

*
**

Une fillette demande à son oncle :

« Tonton, qu'est-ce qu'un phallus ?

— Un phallus, fait l'oncle d'un ton enquiquiné, c'est... heu... Comment t'expliquer ? Le plus simple, c'est de te montrer... Mais n'en parle à personne, surtout ! Voilà, tu vois, c'est ça, un phallus...

— Ah ! c'est ça ! s'écrie la gosse. C'est marrant, ça ressemble à une bite, mais en plus petit ! »

Dans les lavabos d'un bureau d'import-export, deux choucardes dactylos se refont une beauté en discutant.

« Quand quel quartier habites-tu ? demande l'une.

— A Barbès-Rochechouart, répond l'autre. C'est un quartier où les Européens et les Africains cohabitent dans les mêmes proportions...

— Tssst ! l'interrompt la première, tu ne me feras pas croire ça, à moi ! Je suis sûre que c'est comme partout ailleurs et que ce sont les Noirs qui ont les plus grosses ! »

Quelle différence fondamentale y a-t-il entre une ravissante jeune maman qui allaite son enfant et une vieille femme qui se laisse tomber sur un banc public ?

La jeune maman montre son sein, la vieille dame s'affaisse.

Il ne faut jamais châtrer des jumeaux, car ça les rend mégalomanes : ça fait d'eux des égaux sans trique.

⁂

La mini-jupe, c'est comme la marée basse : ça laisse la moule à découvert.

⁂

C'est l'histoire d'un gars qui a cinq membres virils.
Son slip lui va comme un gant.

⁂

Un éminent sexologue doit faire une grande conférence publique. Le thème annoncé est : *Les trente-deux positions de l'amour.* La salle est pleine à craquer. Le conférencier arrive, on l'applaudit, il s'assied et, enfin, la causerie commence :

« Mesdames, mesdemoiselles, messieurs, je vais avoir l'insigne honneur de vous énumérer, d'abord, les trente-deux postures que l'homme et la femme peuvent adopter indifféremment pour se livrer aux plaisirs de la chair...

— Y a erreur ! fait alors, au fond de la salle, la voix chevrotante d'un vieillard fort décrépit. Il n'y a pas trente-deux positions pour faire l'amour, jeune homme ! Il y en a trente-trois !

— Cher monsieur, se fâche le sexologue, je sais tout de même ce que je dis ! Il y a TRENTE-DEUX positions !

— Et moi, riposte le vieillard, je vous dis qu'il y en a trente-trois, car je viens d'en découvrir une nouvelle et...

— Ça suffit ! l'interrompt le conférencier. Laissez-moi faire ma causerie, vous interviendrez durant le débat qui suivra. Je disais donc, mesdames, mesdemoiselles, messieurs, qu'il y a trente-deux — et je dis bien trente-deux — positions. La première, dite *du missionnaire,* consiste à ce que la femme s'allonge sur le dos, à plat, les cuisses écartées, pour que l'homme vienne s'allonger à plat ventre sur elle, afin qu'il la pénètre et que...

— Chouette ! le coupe tout net le petit vieux depuis le fond de la salle. Ça n'en fait pas trente-trois, alors, mais trente-quatre ! Celle que vous décrivez, je ne la connaissais pas ! »

Un inspecteur des contributions, réputé pour sa sévérité, se présente chez un quidam qui n'a officiellement aucune source de revenus et qui semble pourtant rouler sur l'or.

« Comment se fait-il que vous n'ayez jamais rempli votre déclaration d'impôts ? demande d'un air terriblement soupçonneux le fonctionnaire.

— Je n'ai rien à déclarer, puisque je ne touche aucun salaire.

— Je ne vous crois pas ! De quelle manière vous y prenez-vous pour avoir un appartement de vingt-six pièces sur les Champs-Elysées, une villa à Saint-Tropez, un chalet à Avoriaz, un yacht privé et une Rolls, si vous n'avez aucun revenu imposable ?

— Oh ! C'est tout simple. Dès que j'en ai l'occasion, je parie.

— Vous pariez ?

— Oui. A tout propos, à n'importe quel moment, avec n'importe qui. Et je gagne toujours.

— Je veux bien vous croire, mais prouvez que ce que vous dites est vrai ! grogne l'inspecteur du fisc.

— Tenez, je fais un pari avec vous ! propose le gars. Ça vous va ?

— Ça me va. Que voulez-vous parier ? Je vous préviens, nous irons dès demain matin chez un huissier pour lui faire constater le résultat du pari, afin que tout soit en règle...

— D'accord. Je vous parie cinq millions de centimes que vos testicules sont en forme de tire-bouchons.

— Ah ! ah ! ricane cruellement l'homme du fisc. Pari tenu !

Rendez-vous demain à neuf heures chez Maître Samain-Parthoux, l'huissier du quartier. Et n'oubliez pas d'apporter l'argent, car je suis absolument sûr de gagner ! »

Le lendemain, les deux parieurs se retrouvent, comme prévu, chez l'huissier.

« Cher monsieur, demande aussitôt celui-ci au contrôleur des impôts, voulez-vous, s'il vous plaît, me montrer vos roupettes ?

— Avec plaisir ! répond le fonctionnaire. J'attendais cet instant avec impatience ! »

Et, sans plus attendre, il déboutonne son pantalon, le baisse, fait glisser son slip le long de ses cuisses maigrichonnes et exhibe ses choses sous le nez de l'huissier.

« Vous constaterez, fait-il d'un ton triomphant, qu'elles sont de forme tout à fait normale !

— Je constate, soupire l'huissier qui semble éberlué, je constate ! »

L'inspecteur du fisc se tourne alors, avec un rictus mauvais, vers le contribuable récalcitrant.

« Vous avez perdu ! lui dit-il.

— J'ai perdu, admet l'autre.

— Vous me devez donc cinq millions de centimes.

— Je vous les dois. D'ailleurs, les voici.

— Merci, fait le fonctionnaire en empochant l'argent. Et maintenant, attendez-vous à avoir bien d'autres ennuis.

— Des ennuis, moi ? Et pourquoi aurais-je des ennuis ?

— Parce que j'ai prouvé que vous perdez de l'argent au lieu d'en gagner, quand vous faites un pari.

— Pas du tout ! J'avais parié dix millions de centimes avec l'huissier que vous accepteriez de lui montrer vos roustons s'il vous le demandait. Et j'ai gagné ! »

⁂

Deux amoureux sont allés au cinéma pour flirter. Et, dans le noir, la fille offre au garçon une petite gâterie manuelle.

Mais, derrière eux, quelqu'un crie au bout d'un moment :

« Eh, là, devant, le grand chauve à col roulé, z'avez pas bientôt fini de cracher en l'air ? »

⁂

Trois femmes, mortes dans le même accident de voiture, se présentent ensemble devant Saint Pierre.

« As-tu trompé ton mari ? demande Saint Pierre à la première, qui est vieille et moche.

— Jamais ! répond la dame avec dignité.

— Bravo, fait Saint Pierre. Voici la clé du paradis. Et toi, demande-t-il à la deuxième, qui est d'âge moyen et pas trop mal conservée, et toi, as-tu trompé ton mari ?

— Bof ! minaude la créature. De temps en temps, oui, j'avoue que ça m'est arrivé. Mais je le regrette.

— Bien, marmonne le saint. Voici la clé du purgatoire. Et toi, demande-t-il enfin à la troisième, qui est très jeune et carrément ravissante, et toi, as-tu trompé ton mari ?

— Moi ? se marre la mignonne. Bien sûr, que j'ai trompé mon mari ! Chaque fois que j'en ai eu l'occasion !

— Parfait ! Parfait ! s'écrie Saint Pierre. Voici la clé de ma chambre. »

⁂

Un petit lapin décide, un jour, d'aller au bordel pour animaux. Arrive la maquerelle.

« Hélas ! gémit-elle. Toutes mes pensionnaires lapines sont en vacances ! Mais je peux vous proposer une girafe...

— Trop grande ! objecte le petit lapin.

— J'ai aussi une jument...

— Je n'aime pas son air chevalin !

— Alors que je ne vois guère que la couleuvre...

— Okay, envoyez-moi la couleuvre, elle fera l'affaire ! »

La maquerelle appelle donc la couleuvre, qui s'isole avec le petit lapin dans une chambre discrète. Mais, dès que le petit lapin veut lui grimper dessus, elle cède à son instint carnassier et... hop ! elle l'avale tout cru. Mais, bien sûr, ça prend un temps fou : d'abord la tête, puis le corps, qu'elle ne parvient à ingurgiter complètement qu'au bout de plusieurs heures.

Pourtant, dès que les pattes arrières du petit lapin ont disparu dans son œsophage, elle est prise de remord. « Ce n'est pas bien, ce que j'ai fait là ! se reproche-t-elle. Une honnête michetonneuse ne doit pas manger ses clients ! » Et, bonne fille, elle recrache dare-dare le pauvre petit lapin.

« Excusez-moi, bredouille la couleuvre. J'espère que vous n'êtes pas fâché...

— Fâché, moi ? s'écrie le petit lapin. Je ne vois vraiment pas pourquoi je serais fâché. Jamais encore on ne m'avait fait une fellation pareille ! »

Une orange a pour fille une jeune clémentine. Un jour, la petite clémentine demande :

« Dis, maman, puis-je aller au bal, ce soir ? Il y aura l'orchestre des bananes...

— C'est d'accord, répond l'orange, mais sois sage et ne rentre pas trop tard. »

Mais il va bientôt faire jour quand la petite clémentine, toute penaude, rentre à la maison.

« C'est à cette heure-ci que tu rentres ? s'emporte l'orange. J'espère que tu n'as pas fait de bêtises !

— Ben... pleurniche la jeune clémentine, ben... j'ai beaucoup flirté avec un citron. Et j'ai bien peur d'avoir quelques pépins ! »

⁂

Deux amies bavardent. L'une, très sensibilisée par les campagnes contre le tabac, demande à l'autre :

« Après avoir fait l'amour, est-ce que tu fumes, toi ?

— Ça, répond l'autre, je n'en sais rien. Je n'ai jamais pensé à regarder ! »

⁂

La chambre est plongée dans l'obscurité. Le silence est complet, seulement troublé par quelques grincements de sommier.

Soudain, une voix de femme s'écrie :

« Aïe ! Tu devrais enlever ta bague, chéri. Tu me fais mal !

— C'est pas ma bague, fait alors une voix d'homme. C'est ma montre ! »

⁂

M. Dugland se promène dans les bois avec de grosses bottes. Il va marcher par inattention sur un crapaud mais, l'ayant vu au dernier moment, il fait un saut de côté pour ne pas l'écrabouiller.

« Merci ! coasse le batracien. Ta bonté sera récompensée, car je suis, en réalité, un bon génie. Fais un vœu, je te promets qu'il sera immédiatement exaucé.

— Un vœu ? réfléchit, ravi, M. Dugland. Ben voilà : je veux voir des culs de femmes, des culs de femmes, des culs de femmes, des culs de femmes et encore des culs de femmes et toujours des culs de femmes !

— Des culs de femmes ? fait le crapaud. Pas de problème ! »

Et, à la même seconde, M. Dugland est transformé en bidet de maison de passe.

*
**

Une jeune et belle neurasthénique décide, à l'improviste, d'en finir avec la vie. Bien qu'elle soit justement toute nue à ce moment-là, elle ouvre sa fenêtre et saute du cinquième étage. Elle s'écrase sur le trottoir, allongée sur le dos, les jambes largement écartées...

Choqué par l'indécence du cadavre, un passant lui pose son chapeau sur le sexe. Arrivent les flics, prévenus par des voisins.

« On dégage tout de suite le corps, chef ? demande un pandore.

— Non, répond le brigadier. Faut d'abord retirer le mec qui s'est enfoncé à l'intérieur ! »

*
**

La jeune et candide Cuculine, qui sort juste de l'institution religieuse où elle a fait toutes ses études, va pour la première fois à la plage avec madame sa mère. Elle regarde autour d'elle et, intriguée, finit par demander à voix basse :

« Dis, maman, c'est quoi, ce que les hommes cachent dans leur slip de bain ?

— Heu... fait la mère embêtée, ce n'est rien... C'est simplement leurs bourses !

— Leur bourse ? s'émerveille la pucelle. Eh bien ! ça, alors, c'est rigolo ! Quand leurs yeux se posent sur moi, on dirait que leur fortune augmente ! »

*
**

« Dis, papa, qu'est-ce qu'un père indigne ?
— Tais-toi et suce ! »

⁂

Les employés d'une entreprise passent la visite médicale. Les femmes ont déjà été examinées par le médecin, c'est au tour des hommes de défiler devant lui, un par un, en tenue d'Adam.

Le médecin remarque un tatouage sur le membre viril d'un des gars. Il se penche et distingue deux lettre : un *S* et un *E*.

« Qu'est-ce que c'est que ça ? demande-t-il.

— Eh bien, répond le type avec un peu de gêne, c'est un hommage à ma fiancée.

— Je ne comprends pas ! fait le toubib en se grattant dubitativement la tête.

— C'est simple ! Quand je... heu... quand je suis en grande forme, la peau s'étire.

— Oui, et alors ?

— Alors, ce qui écrit entre ces deux lettres devient lisible... et on peut voir le prénom de ma fiancée : *SIMONE*.

Le docteur s'émerveille silencieusement et, ayant renvoyé ce phénomène, appelle le patient suivant. A son immense surprise, il découvre que celui-ci a également un *S* et un *E* tatoués sur la partie la plus érogène de son anatomie.

— Vous, dit-il en souriant au gars, je parie que votre fiancée s'appelle Simone !

— Non, rétorque placidement l'homme.

— Alors elle s'appelle Suzanne, ou Sophie !

— Non. Elle s'appelle Conchita.

— Je... Je ne comprends pas ! Qu'est-ce qu'on lit, alors, quand vous êtes en forme ?

— On lit : SOUVENIR DE MON SERVICE MILITAIRE CHEZ LES ZOUAVES EN AFRIQUE EQUATORIALE FRANÇAISE.

***

« Messieurs, j'ai le plaisir de vous annoncer que, depuis hier soir, vous êtes tous cocus.

— Tous ?

— Tous ! J'ai couché avec ma femme. »

***

Dieu, après avoir créé la femme, montre Eve à un ange qui a fait des études d'architecture.

« Qu'est-ce que vous en pensez ? demande Dieu.

— Pas mal... Mais il y a un léger défaut dans la conception générale.

— Lequel ?

— L'aire de jeu est beaucoup trop près des chiottes. »

***

Une femme s'adresse à un volailler :

« Je voudrais un poulet de Bresse... »

Le volailler lui tend un poulet. La femme introduit son index dans le croupion du volatile, touille durant quelques secondes, ressort son doigt, le renifle et dit :

« Je suis désolée, mais ceci n'est pas un poulet de Bresse. C'est un poulet des Landes. »

Le volailler, un peu interloqué, lui donne un autre poulet.

Même manège.

« Non, dit la femme après avoir reniflé l'index avec lequel elle a visité le croupion du gallinacé. Ceci n'est pas un poulet de Bresse, c'est un poulet de la région de Quimperlé. »

Troisième poulet, troisième investigation de l'index dans un croupion, troisième refus de la dame.

« Ceci n'est pas un poulet de Bresse. C'est un poulet des environs de Brive-la-Gaillarde. »

Le volailler, sans se démonter, baisse alors son pantalon, tend sa croupe à l'insolite cliente et lui dit :

« Rendez-moi un service. Je suis un enfant de l'Assistance publique, pourriez-vous me dire où je suis né ? »

Deux homos se font des confidences.

« Hier soir, fait l'un, j'avais un rendez-vous amoureux avec une très belle jeune femme.

— Une femme ? Quelle horreur !

— Je l'ai drôlement baisée !

— Hou ! Comment as-tu pu faire ?

— Je n'y suis pas allé. »

Deux garnements bavardent dans la cour de récréation.

« Hier, raconte l'un, ma mère a failli me surprendre pendant que je me masturbais dans les toilettes.

— Dans les toilettes ? Ah ! ben, dis donc ! Ça, c'est une cachette à laquelle j'avais jamais pensé ! »

Un clochard et une clocharde, très saouls, sont vautrés sur un banc. La femme fourrage dans les tréfonds du pantalon de l'homme et, au bout d'un moment, glousse d'une voix pâteuse :

« Eh, dis donc ! J' crois qu' tu bandes !

— J' bande pas, éructe le clodo. J' fais dans mon froc ! »

⁂

—

Un petit garçon croise, dans un jardin public, une jeune femme enceinte jusqu'aux dents.

« Qu'est-ce qu'elle a, la dame ? demande-t-il à sa maman.

— Elle a le ventre gonflé par l'aérophagie, répond la mère.

— Dites donc, se fâche la femme enceinte, vous prenez la bite de mon mari pour une pompe à vélo ? »

Deux sœurettes se marient le même jour.

« Dès demain matin, les supplie leur mère, envoyez-moi un télégramme pour me donner vos impressions. »

Le lendemain, arrive un premier télégramme, expédié par Brigitte, l'aînée.

« Qu'y a-t-il d'écrit ? demande le père.

— Il y a simplement “ Gitane filtre ”, répond la mère après avoir lu.

— Je ne comprends pas...

— C'est pourtant simple ! “ Gitane filtre ” : *fine, longue, capiteuse et brune...* »

Arrive le second télégramme, expédié par Monique, la cadette.

« Qu'y a-t-il d'écrit ? s'enquiert le père.

— Il y a simplement “ Air France ”, répond la mère.

— Là non plus, je ne comprends pas...

— C'est enfantin ! “ Air France ” : *part toutes les minutes et dans toutes les directions...* »

Un vieillard s'est marié à une jeune pucelle.

« Alors, demande-t-on au vieillard le lendemain de la nuit de noces, vous en êtes-vous bien sorti ?

— Oh ! fait le vieux. Le plus problématique, ça n'a pas été pour sortir... »

⁂

En traversant une voie ferrée, un petit lapin échappe de peu à la mort, un train ayant surgi à l'improviste.

« Dis donc, se moque un taureau, tu n'avais pas entendu le train arriver ? Ce n'est vraiment pas la peine d'avoir d'aussi longues oreilles !

— Et toi, rétorque le lapin, tu as bien d'énormes couilles et ça ne t'empêche pas de porter des cornes ! »

⁂

Sur la plage de Deauville, un homme fait la sieste. Il s'est entièrement recouvert avec une serviette, mais celle-ci a traîtreusement glissé et laisse dépasser un tout petit morceau de son anatomie : le morceau le plus précieux...

« Tiens ! fait une promeneuse en jetant un coup d'œil à cet intéressant appendice. Ce n'est pas mon mari !

— Tiens ! fait une deuxième promeneuse. Ce n'est pas mon amant !

— Tiens ! fait une troisième promeneuse. Ce n'est pas quelqu'un de l'hôtel ! »

⁂

Une jeune citadine, en vacances dans une ferme, est chargée d'aller traire la vache. Mais elle se trompe et entreprend de traire le taureau.

« Alors, fait la fermière quand elle revient, ça a marché ?

— Il n'y avait pas beaucoup de lait, répond la jeune fille, et il a fallu traire rudement longtemps. Mais, nom de Dieu ! quand c'est venu, qu'est-ce que ça a giclé fort ! »

*
**

Chaque matin, le facteur sonne chez les Dupied. Mme Dupied, qui est généralement sous la douche, crie rituellement à son fils Toto d'aller prendre le courrier.

Mais, ce matin-là, Toto est absent. Et, quand le facteur sonne, Mme Dupied, qui est comme d'ordinaire en train de se doucher, est bien obligée de sortir de la salle de bains et d'aller elle-même lui ouvrir. Elle sait toutefois que le facteur est myope comme une taupe, et elle ne prend donc pas la peine d'enfiler un peignoir.

Dès qu'elle ouvre la porte, le facteur se baisse en souriant gentiment, lui caresse affectueusement la touffe et dit :

« J'ai un mandat pour ta maman. Va vite la chercher, joli petit frisé ! »

*
**

Un type, complètement fauché, aborde une prostituée de bas étage.

« J'ai une folle envie de faire l'amour, lui dit-il, mais je n'ai pas un sou vaillant. Tout ce que je possède, c'est la paire de tennis que j'ai aux pieds. Est-ce que tu l'acceptes en paiement d'une passe ?,

— C'est d'accord, consent la fille. Mais, pour ce prix-là, je te préviens : je ne ferai pas un seul geste et tu auras l'impression de forniquer avec une planche à repasser. »

Elle tient parole et, s'étant allongée, se contente de rester parfaitement inerte pendant que le gars se l'envoie.

Pourtant, tout à coup, elle se met à gigoter...

« Ah ! ah ! triomphe l'homme. Tu as bougé ! C'est sans doute parce que je te fais sublimement l'amour...

« Tu n'y es pas du tout ! fait dédaigneusement la fille. J'essaye simplement les tennis... »

Un souteneur entre dans une pharmacie de Pigalle.

« J' voudrais une boîte de capotes anglaises pour pouvoir faire reluire mes turbineuses sans risquer de choper la chtouille ! dit-il à la vendeuse.

— Grossier personnage ! rugit celle-ci. Sortez ! Et ne revenez pas avant d'avoir appris la politesse. »

Penaud, le maquereau sort, réfléchit, entre de nouveau dans la pharmacie.

« Bonjour, mademoiselle, fait-il. Excusez-moi de vous importuner, mais j'aimerais que vous puissiez me vendre, si vous le voulez bien, une boîte de capotes anglaises pour enfiler mes gonzesses sans attraper la vérole que des clients malpropres ont éventuellement pu leur refiler...

— Malappris ! s'indigne la vendeuse. Je n'admets pas cette vulgarité de vocabulaire ! Déjà, cette expression de " capotes anglaises " est d'une inconvenance ! Sortez ! Et ne revenez que lorsque vous aurez appris à ne plus employer de mots orduriers ! »

Le maquereau ressort, réfléchit, entre pour la troisième fois dans la pharmacie, défait sa braguette, montre son sexe et dit à la vendeuse :

« J' voudrais un bleu de travail pour mon p'tit ouvrier ! »

« Ne bouge plus, chéri. Je voudrais photographier ta petite quéquette...

— Pourquoi ?
— Pour disposer d'un agrandissement ! »

⁂

« Monsieur, je suis extrêmement mécontent de votre fils. J'avais accepté qu'il aille au bal avec ma fille, mais à condition qu'il la ramène de bonne heure. Or, il était trois heures du matin quand elle est rentrée.

— Bah ! Ils sont jeunes, ils aiment danser, ils ont oublié l'heure. Ce n'est pas bien méchant.

— Il y a plus grave, monsieur. Votre fils a uriné sur le trottoir, devant ma porte, en écrivant des cochonneries avec son pipi.

— Il avait un peu trop bu, il ne savait plus très bien ce qu'il faisait. Soyez indulgent, nous avons tous fait des choses idiotes quand nous avions son âge. Y compris calligraphier des obscénités en pissant...

— Oui, mais j'ai reconnu l'écriture de ma fille ! »

⁂

« Mon père, bénissez-moi, car j'ai fait un très gros et très répréhensible péché dont je me repens humblement : j'ai coincé la meilleure amie de ma femme dans un angle du salon, et je lui ai fait subir ce que vous devinez...

— Contre son gré ?

— Non, contre le mur. »

⁂

« Garçon, c'est dégoûtant ! Votre doigt trempe dans mon assiette de potage !

— C'est à cause de mon panaris, il faut que je tienne mon doigt au chaud.

— Vous pouvez vous le mettre au cul, votre doigt !

— C'est ce que je fais, monsieur, mais seulement dans la cuisine, avant d'apporter les plats. »

⁂

Un commis voyageur sonne chez une particulière.

« Monsieur, minaude-t-elle, je ne sais si j'ai raison de vous laisser entrer... Vous pourriez aisément en profiter pour abuser de moi, si vous appreniez que personne ne peut m'entendre crier et que mon mari ne rentrera pas à la maison avant deux ou trois bonnes heures... »

⁂

Deux martiens atterrissent à proximité d'une station-service. Tapis dans la pénombre, ils observent longuement les pompes à essence.

« Finalement, remarque le premier martien, ces gens-là sont presque faits comme nous.

— Oui, approuve le second, mais avec une petite différence : ils s'accrochent l'extrémité de la bite à une oreille. »

⁂

Ayant éveillé Blanche-Neige par un baiser, le prince Charmant l'emmène sur son blanc cheval.

Les sept nains la regardent partir, le cœur gros.

« Et voilà ! grogne Grincheux. Va de nouveau falloir recourir à la branlette ! »

⁂

Un muet va chez un grand médecin qui affirme pouvoir le faire parler, alors que les autres spécialistes jugeaient son infirmité inguérissable.

Le médecin le fait mettre nu, puis le place à quatre pattes et, à l'improviste, le sodomise à sec.

« Aaaaaah ! couine le muet.

— Parfait ! décrète le médecin. Demain, je vous apprendrai à prononcer la lettre B. »

« Salut, vieux ! T'as pas l'air d'avoir le moral.

— Bof ! La vie m'embête. Vivre, toujours vivre...

— Allons ! Viens prendre un godet à la maison.

— Bof ! L'alcool, toujours l'alcool...

— On pourrait faire un poker.

— Bof ! Les cartes, toujours les cartes...

— On écouterait quelques bons disques.

— Bof ! La musique, toujours la musique...

— Ça ferait sans doute plaisir à ma femme de te voir.

— Bof ! Le cul, toujours le cul... »

« Vindiou, l'Arthur, v'là not' fils qui approche de ses onze ans, tu crois-t'y donc point qu'il commencerait à se faire grand temps de lui toucher deux mots des choses du sesque ?

— T'as p't-êt' ben raison, la Mélanie. J' m'en vas lui parler d'homme à homme, à c' garçon. Eh, l'Emile, arrive donc un peu par ici, que j' te cause un brin. Au jour d'aujourd'hui que te v'là grand, faut qu' tu saches les réalités de la vie. V'là donc. T'as ben vu comment qu'on faisait, au lit, la mère et moué, quand j' lui grimpions dessus ? Eh ben ! Les taureaux avec les vaches, les coqs avec les poules et les lapins avec les lapines, ils font du pareil au même... »

Un Esquimau a quitté la banquise pour visiter Paris. Passant sur les grands boulevards, il entre dans un cinéma multisalles et demande une place.

« Pour quel film ? demande la vendeuse.

— Ça m'est égal. Je viens pour l'entracte.

— Pour l'entracte ?

— Oui, il paraît qu'on me sucera... »

« Vous avez un bien beau chien, madame.

— Et vous une bien belle chienne, madame.

— Votre chien pourrait-il faire l'amour à ma chienne, madame ?

— On peut essayer de les accoupler, madame. Allons, Médor, vas-y. Mais non, Médor, pas comme ça ! Viens me voir, que je te montre encore une fois comment il faut s'y prendre... »

Dans un coin du parc municipal, sur un banc discret, un couple flirte. La fille, agenouillée devant le garçon, s'active de la bouche.

« Chérie, fait le garçon, peux-tu ôter tes lunettes ? La monture me fait mal... »

La fille ôte ses lunettes.

« Chérie, reprend le garçon au bout d'une minute, peux-tu remettre tes lunettes ? Tu suces le banc. »

⁂

Un vieux type va voir un médecin et lui exhibe son sexe.

« C'est une vérole, constate le docteur. Vous venez un peu tard : elle est, très, très, très, mais alors vraiment très, très, très avancée ! Tout ce que je peux faire pour vous, c'est vous demander de monter sur mon bureau.

— Voilà, docteur. Et maintenant ?

— Sautez par terre à pieds joints, ça se détachera tout seul. »

⁂

Une mère crevette a pondu cent cinquante œufs, qui ont donné naissance à cent cinquante petites crevettes. Vient le jour où celles-ci sont en âge d'aller à leur premier bal...

Mais, quand elles rentrent, il est fort tard. Pressées de questions, elles finissent par avouer :

« Nous avons flirté avec des mâles et, maintenant, nous sommes toutes enceintes...

— Ça, s'écrie la maman crevette, c'est le bouquet ! »

⁂

Une chienne tombe amoureuse d'un très jeune chien mâle et, malgré la différence d'âge, décide de fauter avec lui.

Quelques semaines plus tard, elle s'aperçoit qu'elle est tombée enceinte de ses juvéniles œuvres et court illico chez le vétérinaire.

« Docteur, aboie-t-elle, je préférerais avorter. J'ai peur d'accoucher d'un pantin de bois.

— Pourtant, tente de la rassurer le véto, je ne vois rien qui justifie vos craintes, malgré le très jeune âge du papa.

— Précisément, docteur ! C'est à cause de la pine au chiot !... »

⁂

Un ver luisant, la quéquette cruellement brûlée, descend d'un mégot de cigarette en maugréant :

« Ben quoi ! Tout le monde peut se tromper, non ? »

⁂

Un très vieux montreur d'ours passe par le village et, le soir, couche dans la grange de l'auberge avec son animal savant. Au petit matin, la servante aperçoit la patronne qui, discrètement, sort de la grange en rajustant sa jupe froissée.

« Oh ! Madame ! s'exclame la servante. J'espère que vous n'avez tout de même pas fait des choses sales avec ce vieux bonhomme !

— Non, Justine, non. Pour qui me prends-tu ? Je me suis envoyée en l'air avec son jeune copain, le grand costaud qui porte une canadienne... »

⁂

Une religieuse très âgée fait sans arrêt des flatulences.

« Ma sœur, la gourmande la mère supérieure, vos pets risquent d'offenser l'ouïe et l'odorat de Dieu. Vous devriez vous confesser à notre abbé...

— Mais comment dois-je lui dire la chose ? s'affole la vieille religieuse. Je ne peux quand même pas lui déclarer tout à trac que je pète à longueur de journées !...

— Dites-lui que vous avez des faiblesses au ventre. C'est un homme intelligent, je pense qu'il comprendra... »

Mais, dans le confessionnal, la vieille religieuse se souvient mal de la formulation et déclare au prêtre en s'emberlificotant :

« Mon père, j'ai des envies dans le bas du ventre. Des envies auxquelles je ne peux pas résister. Quand ça me prend, il n'y a rien à faire contre : faut absolument que j'y cède, sinon le trou que vous devinez me démange abominablement.

— Oh ! fait le prêtre qui a naturellement compris de travers. Et... ça vous prend souvent ?

— Jusqu'à des vingt fois par jour, mon père.

— A votre âge ! Vous n'avez pas honte ?

— Quoi, à mon âge ? C'est justement parce que j'ai près de quatre-vingts ans que je ne suis plus maîtresse de mon cul, monsieur l'abbé ! »

⁂

Deux taulards partagent la même cellule.

« Ça ne peut plus durer ! dit l'un d'eux. Nous sommes ici depuis deux ans, nous en avons encore pour cinq ans, et nous ne pouvons pas nous passer éternellement de faire l'amour...

— Tu as raison, approuve son compagnon. Que suggères-tu ?

— L'un de nous doit se sacrifier et faire office de femme.

— D'accord. Mais lequel ?

— Je vais te poser une devinette. Si tu ne trouves pas la solution, c'est moi qui ferai la femme. Si tu trouves, ce sera toi.

— Okay. Je t'écoute.

— Voilà : quel animal est le mâle de la chatte, ronronne et fait “ Miaou ” ?

— C'est le chimpanzé.

— Bravo ! T'as trouvé ! »

⁂

Deux secrétaires bavardent en se repeinturlurant la façade dans les lavabos :

« Zut ! soupire la plus jolie. Ce soir, le patron vient dîner chez moi. Il va m'apporter des fleurs, et il faudra encore que j'écarte les cuisses...

— Tu devrais acheter un vase, c'est quand même plus pratique ! »

⁂

« Vous voyez ces deux femmes, là-bas ? C'est amusant : la brune est mon épouse, la blonde est ma maîtresse.

— Oui, c'est vraiment amusant : moi, c'est juste l'inverse ! »

⁂

Un gros type se rend dans un institut où, selon la publicité, il perdra plusieurs kilos en deux séances.

On l'enferme dans une pièce remplie d'un incroyable amoncellement de meubles fort lourds. Une porte s'ouvre, une superbe fille apparaît. Elle est absolument nue et, autour du cou, porte une pancarte où le gars lit : « Si tu m'attrapes, tu me baises ! »

Pendant deux heures, le malheureux poursuit la fille tout autour de la pièce. En vain, car les meubles le gênent et il ne parvient pas à l'attraper. Mais il a beaucoup transpiré et a déjà perdu deux ou trois kilos...

Le lendemain, il revient pour la seconde séance. Dès qu'il est dans la pièce remplie de meubles, il pousse péniblement tous ceux-ci contre les murs afin d'avoir le champ libre et de pouvoir attraper aisément la fille. Mais, quand il a terminé, au prix de mille effort et d'une grande quantité de sueur, la porte s'ouvre pour laisser entrer un Noir herculéen et nu, nanti d'un énorme sexe dardé et d'une pancarte où il est écrit : « Si je t'attrape, je t'encule ! »

⁂

Un automobiliste a eu un très grave accident : son membre viril a été écrasé. On doit le lui sectionner, mais un éminent chirurgien parvient à lui greffer, en guise de substitut, un cou de poulet.

Un ou deux mois après, la femme du greffé vient voir le praticien.

« Alors, madame, l'organe de remplacement vous donne-t-il satisfaction ?

— Ça pourrait aller, docteur, même s'il faut le plumer tous les huit jours. Malheureusement, il y a le problème du bruit...

— Quel problème du bruit ?

— Tous les matins, à cinq heures, ses caquetages me réveillent ! »

Deux petits jeunes gens, très poudrés et très parfumés, parlent de leurs familles respectives.

« Chez moi, fait l'un, personne n'aime les femmes.

— Chez moi, fait l'autre, si.

— Ah ! bon, qui ?

— Ma sœur qui est gouine. »

« Docteur, je crois que mon mari est pathologiquement jaloux. Il prétend que j'allume tous les hommes et que je suis totalement nymphomane... Pouvez-vous faire quelque chose pour lui ?

— Je vais rédiger une ordonnance, madame. Mais d'abord, s'il vous plaît, pourriez-vous me lâcher la zigounette ? »

⁂

Un type, dûment à poil, visite un camp de nudistes. Il voit, à un détour du chemin, un énorme écriteau : « Attention aux pédérastes ! »

Le gars décide d'être sur ses gardes et poursuit son chemin. Il voit un deuxième écriteau : « Faites extrêmement attention aux pédérastes ! »

Il regarde autour de lui, ne voit rien de suspect et poursuit sa visite du camp. Un peu plus loin, nouvel écriteau : « Dernier avertissement : attention, pédérastes impulsifs ! »

Ne voyant toujours rien de louche dans les parages, il continue de marcher. Soudain, il avise un minuscule écriteau posé par terre. Pour le lire, il doit beaucoup se pencher. Et, quand il a quasiment le nez plus bas que le derrière, il déchiffre : « Trop tard ! »

« Quand j'ai croisé ce type au regard vicieux, j'ai immédiatement deviné qu'il s'agissait d'un maniaque sexuel. J'étais seule, face à lui, dans la rue déserte. Je me suis mise à courir, à courir...

— Et tu as pu le rattraper ? »

« Salaud ! N'avez-vous pas honte d'avoir fait l'amour avec une morte ?

— Ah ! bon, c'était une morte ? Je pensais que c'était une Anglaise... »

⁂

« Heu, docteur, je crois que vous m'introduisez le thermomètre dans le mauvais orifice...

— Rassurez-vous, madame, ce n'est pas le thermomètre ! »

⁂

Un jeune gaillard doit être opéré de l'appendicite. Une avenante infirmière vient lui raser le pubis et, pour procéder à cette délicate tâche, lui soulève le zizi entre deux doigts.

« Vous pouvez le lâcher, fait le gars au bout de quelques secondes. Maintenant, il tiendra debout tout seul... »

Les affaires d'un jeune ménage marchent si mal que le mari, la mort dans l'âme, accepte que sa charmante épouse aille un peu faire le tapin. Quand elle rentre, le soir, elle rapporte une recette de 3 020 francs.

« Quel est le salaud qui a osé te donner 20 francs ? se lamente le mari.

— C'est celui qui n'avait pas de monnaie et qui m'a dit de tout garder... »

Deux joueurs de rugby se rencontrent. L'un a les yeux pochés.

« Tu t'es fait ça au cours d'un match difficile ? s'enquiert son copain.

— Non, c'est hier soir... Deux types qui m'ont traité de pédéraste et qui m'ont cogné dessus...

— Bigre ! Pourtant, taillé en Hercule comme tu l'es, tu aurais dû pouvoir te défendre, ou tout au moins t'enfuir !

— Si tu crois que c'était pratique, avec une jupe moulante et des talons hauts ! »

⁂

Deux petites filles discutent.

« Ce matin, dit l'une, j'ai trouvé une capote anglaise pleine de sperme sous la véranda.

— C'est quoi, une véranda ? »

⁂

« Ce soir, Nénette, c'est décidé : on boit d'abord un coup, et ensuite tu t'enduis de vaseline pour que je t'initie à la sodomie.

— Mais, Gastounet, je n'ai pas de vaseline...

— Aucune importance : trinquons. Et... cul sec ! »

Dans le métro, un monsieur s'approche d'une dame en affichant un sourire coquin.

« Ce matin, lui dit-il, vous deviez être très pressée : vous avez oublié de mettre une culotte.

— C'est possible, fait la dame en rougissant, mais comment le savez-vous ?

— Vous avez également oublié de mettre une jupe. »

En pleine forêt, un chasseur trouve un pauvre diable attaché, tout nu, le ventre contre un tronc d'arbre.

« Que vous est-il arrivé ? demande-t-il.

— Des voyous ont arrêté ma voiture. Ils ont pris mon argent, ma montre et mes vêtements, puis ils m'ont cogné dessus, m'ont attaché le ventre contre cet arbre et sont partis avec mon auto... »

Le chasseur ricane, baisse son pantalon, vient se placer juste derrière le gars toujours ficelé et lui murmure :

« C'est vraiment pas votre jour de chance ! »

⁂

Un patron a invité l'un de ses employés dans sa maison de campagne.

« C'est confortable, dit-il en lui faisant les honneurs de la demeure, mais très simple. Je ne suis pas difficile : je me contente de peu...

— Je sais, fait l'employé. En entrant, j'ai aperçu votre femme. »

⁂

La fille qui s'est présentée pour un job de dactylo est vraiment ravissante. Mais, dans la lettre qu'on lui a dictée en guise de test, elle a fait neuf fautes.

« Je vous engage, lui annonce le patron, mais à une condition : que vous en fassiez tout de suite une dixième... »

« Pourquoi fais-tu cette tête ?

— Hier, je me suis couvert de ridicule...

— Raconte !

— Voilà. C'était mon anniversaire. Ma secrétaire m'a invité chez elle. Elle m'a fait entrer dans le salon : champagne au frais dans un seau, musique d'ambiance, tout semblait préparé pour m'offrir une grande fête. Elle s'est éclipsée pendant quelques minutes, puis elle a brusquement ouvert en grand la porte de communication, et tous mes employés sont entrés dans la pièce en criant : “ Bon anniversaire ! ”

— Et alors ? Ça aurait dû te faire plaisir...

— Tu parles ! J'étais déjà nu comme un ver ! »

Un bon et brave plouc français va à New York. Dans l'avion, l'hôtesse s'approche de lui, le regarde d'un air pâmé et lui dit :

« S'il vous plaît, monsieur Frank Sinatra, pourriez-vous me signer un autographe ?

— Mais, fait le plouc estomaqué, je ne suis pas Frank Sinatra ! Je ne lui ressemble même pas ! »

L'avion arrive à New York. Dès que le plouc apparaît sur passerelle pour descendre à terre, une meute de journalistes déboule. On le prend en photo sous toutes les coutures et on le presse de questions :

« S'il vous plaît, monsieur Frank Sinatra, comment s'est passé votre séjour en Europe ? Avez-vous un projet de film ? Allez-vous bientôt enregistrer un disque ?

— Mais je ne suis pas Frank Sinatra ! » proteste le plouc.

Peine perdue. On le pousse vers une superbe voiture. Le chauffeur, en grande livrée, s'incline jusqu'au sol pour le saluer.

« Je suis très honoré de vous conduire, monsieur Sinatra...

— Mais enfin, geint le plouc, qu'avez-vous tous à me prendre pour Frank Sinatra ? Je vous dit que je ne suis pas Frank Sinatra ! »

Trop tard. La voiture roule déjà. Le chauffeur stoppe devant un palace, des grooms se bousculent pour ouvrir la portière, et un monsieur très chic vient serrer la main du plouc en lui disant :

« Croyez, cher monsieur Sinatra, que je suis extrêmement flatté de vous recevoir dans mon hôtel...

— Je ne suis pas Frank Sinatra ! balbutie de nouveau le

plouc. Je vous supplie de me croire... JE NE SUIS PAS FRANK SINATRA ! »

On ne l'écoute même pas. On l'emmène à la plus fastueuse des suites de l'établissement.

« Je vous souhaite un bon séjour chez nous, monsieur Sinatra, lui dit le directeur de l'hôtel avant de refermer la porte. Et ne craignez pas de sonner si vous avez besoin de quoi que ce soit...

— Mais, tente encore de protester le plouc, je vous dis que je ne suis pas... »

Il s'interrompt, car il vient d'apercevoir une magnifique créature qui, rigoureusement nue, est étendue sur le lit et lui tend les bras en murmurant d'une voix suave :

« Hello, Franky !... »

Alors, le plouc rajuste son nœud de cravate, lisse ses cheveux, laisse errer sur ses lèvres un petit sourire blasé et marche vers le lit d'un pas nonchalant en fredonnant :

« Stranger in the night... »

Sur une plage nudiste, un monsieur regarde avec insistance une jolie fille qui lui procure, de façon éhontément visible, certaine émotion, très, très, très forte.

« Cochon ! lui lance la fille. Si vous ne pouvez pas vous empêcher de bander, vous pourriez au moins fermer les yeux !

— J' peux pas ! réplique le mateur. J'ai pas la peau assez longue... »

Un doigt de pied fait la causette avec une verge.

« C'est pas une vie ! gémit-il. Je passe le plus clair de mon temps enfermé dans une chaussette...

— Et moi, alors ! soupire la verge. Crois-tu que je rigole,

quand on me secoue dans tous les sens jusqu'à ce que je dégobille ? »

⁂

Un sociétaire de la Comédie-Française vient de se marier.

« Comment s'est passée la nuit de noces ? lui demandent ses camarades.

— Pas mal, pas mal ! J'ai eu droit à quatre rappels... »

⁂

Un bambocheur bavarde avec un intellectuel romantique.

« Moi, dit le premier, j'adore baiser à tire-larigot.

— Moi, dit le second, quand j'aime, c'est avec ma matière grise.

— Ben mon pote, tu devrais quand même te laver de temps en temps ! »

⁂

Au cours d'un cocktail chic, deux dames du monde observent l'assistance.

« Quel est ce très bel homme, là-bas ? demande l'une.

— C'est un redoutable séducteur...

— Je veux bien le croire : j'ai une envie folle de lui !

— Tu peux courir ta chance, mais je te préviens qu'il est extrêmement direct et qu'il déteste qu'on lui fasse perdre son temps... »

La dame séduite s'approche de l'objet de sa convoitise et se présente :

« Je m'appelle Marie-Gabrielle...

— Enchanté, dit l'homme. Je m'appelle Guy-Ernest. On baise ?

— D'accord, répond aussitôt la dame qui n'a pas oublié les conseils de son amie. On va chez moi, ou chez vous ?

— Salut ! fait sèchement l'homme en tournant les talons. Moi, les gonzesses qui posent des questions à n'en plus finir avant de se laisser sauter, ça ne m'intéresse pas ! »

⁂

Une dame a passé la nuit avec un nain.

« Eh bien ! lui dit une amie le lendemain matin. On peut dire qu'il vient de t'arriver une drôle d'histoire !

— Oui, répond rêveusement la dame. Courte, mais bonne ! »

« Cher ami ! Je suis heureux de vous revoir, après si longtemps... Comment va votre père ?

— Hélas ! Je n'en ai plus qu'une... »

Lassée qu'un micheton s'agite en elle depuis vingt minutes sans avoir déjà joui, une prostituée décide de le terminer à la main.

Elle s'échine sur sa colonne à en avoir mal au poignet, mais rien ne vient. Honnête, elle continue. Mais, trouvant le temps long, elle entame la conversation :

« T'as de la famille, chéri ?

— Oui, mon père est docker.

— T'as des frères ?

— J'en ai sept.

— Qu'est-ce qu'il font, dans la vie ?

— Ils sont tous dockers.

— Et toi, chéri, tu es également docker ?
— Oh ! non. Moi, je ne décharge pas assez vite ! »

Un routier fait du baratin à une auto-stoppeuse. La voyant peu farouche, il range son camion sur le bas-côté de la nationale et la culbute sur la banquette. Deux minutes plus tard, il se relève, un peu penaud, et dit :
« Si j'avais su que vous étiez pucelle, j'aurais fait plus doucement...
— Et moi, fait la fille, si j'avais su que vous étiez aussi pressé, j'aurais d'abord retiré ma culotte ! »

« Dans le Béarn, il n'y a que deux catégories d'habitants : les joueurs de rugby et les grosses salopes !
— Eh ! oh ! faites gaffes à ce que vous dites : ma femme est de Pau...
— Ah ? Et... elle joue troisième ligne ou demi de mêlée ? »

« J'ai envie de souffrir, dit le masochiste à la sadique. Je t'en conjure, fais-moi mal...
— Non ! rétorque cruellement la sadique.
— Rhâ ! se pâme le masochiste. Merci... »

La collection Humour chez Marabout

A bas toutes les armées, Cabu .... MA 033 [06]
Anthologie des histoires drôles érotiques (L'), Isnard A. . MA 016 [09]
Belles-mères ont de l'humour (Les), Guillois M & A. ...... MA 005 [04]
Chaud Biz, Isnard A. .... MA 035 [04]
Dictionnaire des pensées les plus drôles,
Delacour [juin] .... MA 042 [N]
Dieux s'amusent (Les), Lindon D. .... MA 015 [07]
Enseignants ont de l'humour (Les), Guillois M & A. .... MA 006 [04]
Femmes ont de l'humour (Les), Guillois M & A. .... MA 004 [04]
Fous de la micro (Les), Virga .... MA 026 [06]
Histoires méchantes, Doris P. .... MA 032 [06]
Humour des adolescents (L'),
Guillois M & A. .... MA 049 [04]
Humour des animaux et de leurs maîtres (L'),
Guillois A. & M. .... MA 029 [04]
Humour des automobilistes et des piétons (L'),
Guillois A. & M. .... MA 028 [04]
Humour des buveurs et des cafetiers (L'),
Guillois A. & M. .... MA 039 [06]
Humour des contribuables et des percepteurs (L'),
Guillois A. & M. .... MA 037 [06]
Humour des dragueurs (L'),
Guillois M. et A. .... MA 047 [04]
Humour des jeunes mariés (L'),
Guillois M. et A. .... MA 048 [04]
Humour des médecins et de leurs patients (L'),
Guillois A. & M. .... MA 030 [04]
Humour des séducteurs et des belles infidèles (L'),
Guillois A. & M. .... MA 027 [04]
Humour des soldats et des gradés (L'),
Guillois A.& M. .... MA 040 [06]
Humour des sportifs et des supporters (L'),
Guillois A. & M. .... MA 038 [06]
Humour des stars de cinéma (L'),
Guillois M. et A. .... MA 046 [04]
Humour juif (L'), Bloem D. .... MA 031 [04]
Idées noires de Trez (Les) [mai] .... MA 043 [N]
Lexique pour rire, Campion L. .... MA 014 [04]
Mamans ont de l'humour (Les), Guillois M & A. .... MA 007 [04]
Petit zizi illustré (Le), Jicka, Pichon & Yak Rivais .... MA 009 [04]
Rôti de beauf, Cabu .... MA 008 [04]
Souriez Lûi [avr.] .... MA 045 [N]
Télé PAF, Guillois A. & M. .... MA 025 [06]
Toutes les mêmes, Tetsu [fév] .... MA 041 [04]

Cabu

À BAS TOUTES LES ARMÉES !

PIERRE
DORIS

Histoires méchantes

Dessins de **Alain Lainé**

Ötsu

TOUTES LES MÊMES

IMPRESSION : BUSSIÈRE S.A., SAINT-AMAND (CHER). — N° 7653.
D. L. MARS 1989/0099/60
ISBN 2-501-01193-7
Imprimé en France